81380
R-BES

AF864469

COMITÉ D'ENTREPRISE
C.N.A.V.T.S.
BIBLIOTHEQUE
?/14, rue de Joinville
7501? PARIS

DÉFISCALISÉES

DU MÊME AUTEUR

aux Éditions Fayard

Un état d'esprit
Didier dénonce
La cause du people

Patrick Besson

Défiscalisées

roman

COMITÉ D'ENTREPRISE
C.N.A.V.T.S.
BIBLIOTHÈQUE
?/14, rue de Joinville
75019 PARIS

Fayard

© Librairie Arthème Fayard, 2003.

1

Un escalier de pierre montait à la piscine d'où l'on voyait toute la baie. Le matin, Anémone arrivait la première pour faire ses longueurs. Chaque jour elle en rajoutait une, espérant finir le mois à cinquante. Son amant néerlandais passerait bientôt à Paris pour affaires et elle souhaitait maigrir, ainsi que se muscler. On la sentait, pendant les conversations, surtout attentive à son poids. Comme si elle avait voulu l'entendre diminuer. Elle vivait dans une irritation nerveuse permanente due aux privations et aux efforts physiques. Stella s'en plaignait car, en temps normal, Anémone était une convive drôle et chaleureuse, toujours de bonne humeur. C'était l'attraction majeure d'une maison de vacances. Elle savait amuser les jeunes, consoler les vieux. Ou l'inverse. Elle avait toujours des idées de jeux et de sorties. On se la disputait de la Côte basque à la Côte d'Azur, surtout quand son mari faisait une cure de désintoxication alcoolique en

Suisse, ce qui était actuellement le cas. Anémone avait eu quarante-huit ans le 24 juillet et, même le soir de son anniversaire, n'avait pas mangé de gâteau.

La villa *Don Quichotte* se trouve à flanc de colline. Y habitaient pour l'été Justine, la fille de Stella, et un garçon de son âge qu'elle avait présenté comme un camarade de faculté. Elle l'appelait Bimbo ; il avait pour prénom véritable Pierre. Tous deux passaient leur temps à entrer et à sortir de *Don Quichotte*. A chaque fois, Stella les suppliait de rester déjeuner ou dîner. Ils avaient autre chose à faire. Ils n'utilisaient pas la piscine, préférant la plage et la mer. « Il y a trop de chlore dans ta piscine, disait Justine à Stella. – Justement non ! On utilise un sel spécial : Tradisel. Il épure et adoucit l'eau. » Justine était une grande fille brune qui ressemblait à son père Jérémie, dont Stella avait divorcé treize ans plus tôt. Jusque-là, Justine n'était sortie qu'avec des filles et avait étonné sa mère et Anémone en arrivant sur l'île, à la mi-juillet, avec cet étudiant sérieux. Ils partageaient la même chambre à un lit. Faisaient-ils l'amour ? Stella et Anémone avaient des conversations à ce sujet, trop courtes au goût de Stella car sans cesse interrompues par les longueurs de la restauratrice (Anémone tenait un restaurant de poisson dans le XVIIe arrondissement de Paris, près de la porte Maillot : *L'Arête*). Stella pensait que Bimbo était l'amant de sa fille. Anémone penchait plutôt pour un arrangement amical, se basant sur le fait que Bimbo lui semblait gay. Ni l'une ni l'autre n'osait poser la question à Justine car elle avait l'habitude, quand les gens empiétaient sur sa vie privée, de les rabrouer avec une violence et une verdeur qui rappelaient son père à l'époque de ses premières plaidoiries contre l'« État policier », dans les années 70.

Quand Olivier Florence se présentait à la piscine, Anémone était en train de finir ses exercices de natation. Elle lui jetait un coup d'œil mais ne faisait aucun signe, ne voulant pas se déconcentrer. Il ne s'en formalisait pas, sachant à quel point cette activité sportive matinale avait de l'importance pour elle. Les longueurs de la restauratrice étaient l'un des grands sujets de conversation de la villa. On en parlait sur un mode badin qu'Anémone suggérait la première, même si l'on sentait qu'elle les prenait au sérieux. Chaque jour qui passait la rapprochait de l'idéal esthétique qu'elle n'était encore jamais arrivée à atteindre. Elle surveillait ses progrès dans les miroirs de la maison. Bronzage, muscles, faciès. Elle travaillait à une métamorphose qui l'enchantait par avance mais qu'elle craignait, comme les autres fois, de ne pas mener à son terme.

– Vingt et une ! dit-elle dans un souffle.

Elle sortit son lourd corps rose de l'eau. Olivier

Florence, qui avait ôté son peignoir de bain et s'était étendu sur un transat, se redressa et la félicita de son bon score. Elle sourit avec orgueil. Peu à peu, une expression de souffrance se figea sur son visage : elle avait faim. La natation, ça creuse – et il lui restait au moins trois heures à attendre la modeste portion de salade niçoise qu'elle s'autorisait pour le déjeuner. Trois heures et quart ou trois heures et demie, car il était impossible, dans cette maison, d'avoir des repas à heure fixe. Pour quelqu'un suivant un régime, c'était tuant.

Olivier Florence exerçait, comme le père de Justine, la profession d'avocat, mais il avait préféré le droit des affaires. C'était un petit homme fluet et bronzé, avec de courts cheveux blancs et des petits yeux bleus qui semblaient sans cesse hésiter entre l'amour, la haine et la terreur. Passionné d'art, il peignait des tableaux abstraits à ses moments perdus. Il attendait l'âge de la retraite – encore trois ans et demi – pour se consacrer entièrement à son hobby. Il collectionnait les voitures anciennes et les meubles 1930. Ç'avait été naguère le grand copain de Justine. Il l'avait emmenée au cinéma et au théâtre pendant toute son enfance et la première partie de son adolescence. Elle lui avait confié ses secrets de petite fille, puis de jeune fille, qu'il s'empressait d'aller déposer pieusement dans l'oreille de Stella dont il était le conseil. C'est grâce à lui que la milliardaire avait découvert que sa fille était homosexuelle.

L'épouse d'Olivier, Martine, se présentait à la piscine vers les onze heures. Anémone, n'en pouvant plus de faim, décida de faire une razzia de fruits à la cuisine. Les fruits, disait-elle, ça ne devait pas être considéré comme un manquement à son régime. Elle se précipita vers l'escalier de pierre dont elle martela les marches de ses lourdes jambes impatientes.

– La pauvre Anémone, soupira Martine après le départ de la restauratrice, elle se donne bien du mal pour son Hollandais.

– Moi, rétorqua Olivier, je trouve formidable d'être encore capable, à son âge, de faire de tels sacrifices pour un homme.

Anémone revint à la piscine avec une assiette sur laquelle trônaient une poire, une pomme, une orange, une banane et une énorme grappe de raisin. Elle s'installa au soleil pour bronzer tout en mangeant, mais la chaleur était devenue trop forte et la restauratrice regagna bientôt l'ombre du parasol. Martine remarqua que la banane et le raisin étaient caloriques. Anémone, ne voulant pas qu'on gâche son plaisir, riposta :

– Mon diététicien m'a dit : tous les fruits, la quantité que vous voulez.

– Tu as un diététicien ?

– C’est mon généraliste, mais il est calé en diététique.

– On est tous calés en diététique, observa Olivier. Il suffit pour ça de lire les journaux féminins.

A midi, ou un peu plus tard, on saluait l’arrivée de Stella, la maîtresse de maison. Anémone avait depuis longtemps avalé et digéré ses sept cent cinquante grammes de fruits et avait de nouveau faim, ce qui la mettait de mauvaise humeur. Stella monta l’escalier avec nonchalance. On ne sait jamais, quand un hôte considère ses invités, s’il les aime ou les déteste. Stella disait parfois à Lucien que le principal inconvénient de l’argent, ce sont les invités. Elle disait aussi que les gens qui mangent et dorment chez vous sont vos esclaves, des esclaves qui ne font rien et ont par conséquent mauvaise conscience, ce qui les rend encore plus esclaves. Lucien est le chef cuisinier de *L’Arête*. Il a eu, cette année, sa deuxième étoile au Michelin. Il a été l’amant de Stella du 15 octobre au 13 avril derniers. Ils se sont séparés parce qu’elle voulait qu’il quitte sa femme et que lui ne voulait pas.

Ce matin-là, Stella portait un maillot de bain marron. Elle a un an de moins qu’Anémone : quarante-sept ans. C’est une blonde cendrée au regard perdu de myope.

– Quoi de neuf ? fit Anémone.

– A part mon maillot, rien.
– Il est joli, dit Martine Florence.
– J'admets que le marron te va bien, dit Olivier.
Olivier a défendu Stella contre sa sœur Rachel lors de la succession de leur mère. Il est le seul de la maison à connaître le montant exact de sa fortune.

Stella rapprocha un transat de celui d'Anémone qui conclut que son amie voulait lui parler car d'habitude l'héritière restait à l'écart avec des journaux et son paquet de cigarettes.

2

Martine Florence était perdue dans le temps. Elle ne le disait à personne, de peur qu'on ne l'enfermât dans un asile. Quand elle montait à la piscine de *Don Quichotte*, elle revoyait toutes les fois qu'elle avait accompli le même trajet. Au bord du bassin apparaissait, comme s'il était réellement là, le long corps bronzé de Jérémie, l'ancien mari de Stella. L'avocat n'avait pas encore de cheveux gris. Lui avait succédé Patrick, avec qui Stella avait vécu plusieurs années. PDG d'une agence de communication, il ne savait pas nager ; quand il avait trop chaud, il se douchait à l'eau froide. De même, à table ou dans la chambre, Martine était à la fois avec l'Olivier d'aujourd'hui et celui de l'année de leur rencontre chez Régine. Elle portait ce soir-là une robe Saint Laurent, le couturier alors à la mode. Elle se souvenait de tout ce qu'elle avait bu, ainsi que de la marque de l'automobile dans laquelle Olivier, jeune avocat maigre et attentionné, l'avait raccompagnée chez ses parents, avenue de Villiers : une Triumph. Défilaient dans son esprit tous leurs dîners en ville depuis l'année de leur mariage, et aussi leurs week-ends à Cabourg (Olivier déteste Deauville), leurs voyages en Extrême-Orient. Avant les voitures anciennes et les meubles 1930, Olivier collectionnait les objets d'Extrême-Orient. Il a vendu sa collection d'objets d'Extrême-Orient pour commencer ses collections de voitures anciennes et de meubles 1930. Sur le visage actuel de son mari – fin, un peu desséché – se dessinaient pour Martine tous ses anciens visages, celui qu'il avait quand il battit Elf en appel à La Haye, son visage glorieux du matin où ils emménagèrent dans l'hôtel particulier de la villa Montmorency, sa figure pâle et tendue de l'après-midi où le président de la République – un autre de ses clients – lui avait remis la Légion d'honneur. Martine n'arrivait pas à bloquer sa pensée sur le présent. Celle-ci vagabondait en permanence d'un bout à l'autre de sa vie, changeant les visages mais aussi les endroits. Villa Montmorency, où la décoration avait été refaite trois fois depuis leur emménagement, Martine vivait simultanément dans ces trois décorations. Pour elle, il n'y avait pas d'immeuble au-dessus de la brasserie *La Coupole* et il lui arrivait de ne pas voir, au Louvre, les trois pyramides. Le Paris où elle se promenait était le Paris de toutes les fois qu'elle s'y était promenée, et les monuments y apparaissaient et disparaissaient au gré de ses souvenirs.

Derrière ses lunettes de soleil, elle observait Stella et Anémone en train de parler de Lucien. Toutes les histoires d'amour lui semblaient absurdes puisqu'elles avaient un avant où les deux protagonistes ne se connaissaient pas et un après où ils ne s'aimeraient plus. Pour elle, ne pouvait pas exister ce qui n'avait pas existé et qui n'existerait bientôt plus.

– Ce serait plus simple pour moi si tu n'avais plus de contacts avec Lucien, disait Stella à Anémone.

– C'est impossible.

– Je sais. Alors c'est toi et moi qui ne devons plus avoir de contacts. Quand je te regarde, je pense à lui, et quand je pense à lui, j'ai l'impression de mourir.

– Il y a sûrement une solution.

Martine se dit qu'Anémone n'envisageait pas sans terreur un retour à Paris en plein mois d'août, d'autant que la restauratrice était loin d'avoir terminé son ambitieux programme de longueurs. Martine revoyait Stella et Anémone quand elle les avait connues. C'était l'époque où Olivier l'emmenait tous les soirs dans le monde, car il voulait avoir une clientèle jet-set. Ils avaient rencontré Stella et Anémone à une fête en Sologne. Martine avait été charmée par ces deux grandes filles spirituelles et désinvoltes. Elle se sentait larguée quand elles discutaient bouquins, mais les captait à cent pour cent dès que la conversation tombait sur la mode. Elle avait intégré le duo, restant malgré tout la troisième roue du carrosse, position qui ne la gênait pas car elle ne croyait pas, auprès de ces deux jeunes vedettes du Tout-Paris, mériter mieux. Elles pillaient ensemble l'avenue Montaigne et la rue de Grenelle, finissant la journée dans un salon de thé pour manger des gâteaux en parlant des hommes. C'étaient des années douces que Martine avait en permanence à l'esprit – avec le reste de son existence.

– Quelle solution ? demandait Stella à la restauratrice.

– Si tu lui téléphonais ?

– Si *tu* lui téléphonais. Pour toi, au moins, il décrochera. Tu es son employeur. Quand je pense que tu ne l'as même pas viré, après ce qu'il m'a fait !

– Il est l'un des meilleurs chefs de Paris.

– Tu le remplaçais par un des autres meilleurs chefs de Paris.

– Ça m'aurait coûté une fortune en indemnités.

– Je payais.

– Et puis, je l'ai connu avant toi.

– On s'est connues en sixième !

– Quand je l'ai rencontré, tu ne le connaissais pas.

– Bien sûr, tu ne me l'avais pas encore présenté.
– Tu me reproches de te l'avoir présenté ?
– Oui !
– Tu veux que je ne te présente plus aucun type ?
– Si ça ne te fait rien, je préférerais.

Anémone clappa de la langue avec un bruit significatif.

– Quelle heure as-tu, Stella ?
– Une heure et quelques.
– Il n'y a pas de déjeuner aujourd'hui ?
– Si, bien sûr. Mais je ne sais pas ce qu'ils fabriquent, en cuisine. Il y a eu un drame dans la famille de Maria.

Maria, une Majorquine de leur génération, faisait les courses au village chaque matin, préparait le déjeuner, le servait, débarrassait la table et lavait la vaisselle. Elle rentrait chez elle vers quatre heures de l'après-midi. Le soir, on se débrouillait ; on faisait réchauffer des plats préparés par Maria ou bien Stella se mettait aux fourneaux. La milliardaire était bonne cuisinière. Pas du niveau de Lucien, bien sûr, mais, pour quelqu'un d'amateur, elle se défendait. Il lui avait aussi appris quelques trucs.

– Un drame dans la famille de Maria ?
– C'est sa sœur. Elle a un cancer. Du sein ou des ovaires, je ne sais plus.
– Et alors ?
– Maria est désemparée, mets-toi à sa place.

– Bien sûr, mais le déjeuner... Remarque, le cancer, c'est affreux.

– Maria a pris un coup. Elle m'a fait de la peine.

– Tu penses qu'elle n'aura pas le courage de cuisiner par un jour pareil ?

– Je ne sais pas. On se baigne ? J'ai chaud.

Après une hésitation, Anémone suivit son amie près du bassin. Elles descendirent lentement dans l'eau. Martine Florence regardait leurs deux corps distendus et un peu éteints. Elle les compara *in petto* aux silhouettes éclatantes que Stella et Anémone montraient avec insolence en 1981, 82, dans la piscine du *Ritz* ou celle du *Pollo*. Stella fit une longueur sous l'œil indulgent d'Anémone. Les deux amies se parlèrent encore, mais elles se trouvaient à présent trop loin de Martine pour que celle-ci entendît quelque chose. Ça devait tourner autour du même sujet : Lucien. L'homme qui avait *réinventé* le poisson, selon la critique gastronomique parisienne, unanime ou presque.

3

Avant le dîner, il y avait la cérémonie du coucher de soleil. On s'installait sur la terrasse. Les anciens propriétaires de *Don Quichotte* – des retraités anglais qui avaient donné à la villa ce nom ridicule que Stella n'avait pas pris la peine de changer – avaient fait une terrasse au sud-est, qui ne prenait le soleil que le matin. Jérémie avait insisté, à l'époque, pour que l'architecte de Stella bâtisse une autre terrasse sur la façade sud-ouest. L'archi avait renâclé : dans les pays chauds, expliquait-il, on évitait ce genre de fantaisie, car il était plus urgent d'éviter le soleil que de lui ouvrir sa maison. Jérémie lui avait fait comprendre que soit il obtempérait, soit Stella changeait d'architecte. « La seconde solution me paraît être la bonne », avait dit M. Tortelli, de Milan, avant de prendre congé du couple français. Il avait fallu chercher un autre architecte. Stella s'en occupa. Jérémie n'avait pas le temps. C'était l'époque où il défendait Ginette Oumsou, la jeune Malienne de

Gennevilliers ayant assassiné sa mère avec un couteau de cuisine après que celle-ci l'eut excisée. En plus, l'avocat venait de rencontrer Nina Costello, la comédienne. Ç'avait été la croix et la bannière pour trouver quelqu'un de qualité mais Jérémie avait fini par l'avoir, sa terrasse. Il ne put, hélas, en profiter car à la fin des travaux il n'était plus avec Stella. Ni avec Nina Costello. Il commençait sa liaison avec Johanna Simonnet, animatrice d'émissions de variétés sur la première chaîne.

De la baie montait un grand silence tiède et moite. Le ciel avait l'air plus vaste que pendant la journée. Les feuilles des palmiers vibraient sous la brise du soir. Au coucher de soleil, c'était l'inverse de la piscine : arrivaient en premier Stella et sa fille Justine. Elles aimaient bien rester en tête à tête sur cette terrasse que Jérémie avait voulue avant de laisser tomber sa famille pour une idiote médiatique qui avait attendu un enfant de lui mais ne l'avait jamais mis au monde, Dieu sait pourquoi. Justine servait la tequila, découpant elle-même le citron vert. Stella se retenait avec peine de lui poser des questions importantes : était-elle toujours homosexuelle ? que voulait-elle faire dans la vie ? se droguait-elle ? – sachant qu'aussitôt son enfant, qui n'était plus une enfant et donc ne pouvait pas être la sienne, se rétracterait, se fermerait, se fâcherait et s'en irait. Stella devait se contenter de ce moment parfait pour les confidences dans lequel il n'y en avait aucune. C'était, disait-elle à Anémone, comme se masturber sans avoir le droit de jouir.

– Où est Bimbo ? demanda-t-elle.

Tout le monde à la maison avait pris l'habitude d'appeler Pierre « Bimbo », y compris Olivier, bien qu'il détestât les surnoms. C'était une joie pour Justine d'entendre chaque matin, au petit déjeuner, Maria lui demander :

– Qu'est-ce qu'il aimerait manger, monsieur Bimbo, aujourd'hui ?

Justine tendit un verre de tequila – le deuxième – à sa mère qui hésita avant de le prendre.

– Tu crois ? dit-elle.

– Je suis sûre.

– Je vais être pétée.

– Tu es pétée tous les soirs.

– Pas tous les soirs !

– Tous les soirs depuis ta rupture avec Lucien.

Stella toussa. Elle toussait beaucoup. Elle aurait dû arrêter de fumer. De boire et de fumer. Elle aurait dû arrêter beaucoup de choses. Les hommes aussi, peut-être.

– Tu me trouves ridicule ?

– Tous les parents sont ridicules, dit Justine, c'est pour ça que je n'aurai pas d'enfants.

– Ce n'est pas si mal d'être ridicule, dit Stella. D'être un parent. Une mère.

– Tu penses ça parce que tu es pétée.

– A qui la faute ?

– Tu devrais lui téléphoner.

– A Lucien ? Anémone dit la même chose. Mais c'est à elle de lui téléphoner. C'est elle qui me l'a mis dans les pattes ! Je veux qu'elle me le ramène. Demain !

Ça finissait toujours ainsi avec Justine : comme elle ne se confiait pas à vous, vous vous confiiez à elle. Peut-être finirait-elle psy.

– Ma petite petite maman...

Justine se serra contre Stella. Faire l'amour avec une femme, c'est quand même un peu faire l'amour avec sa mère, surtout pour une fille. Parce que les garçons n'ont pas de mère. Ils n'ont rien. Ils sont seuls.

Martine Florence apparut sur la terrasse, coiffée et maquillée comme dans un roman de Sagan ou un film de Vadim. Elle avait soixante-deux ans mais était, pensait Stella, de ces gens qui restent coincés dans leur jeunesse comme dans un ascenseur. Dans un effort atroce, désespéré – prométhéen ? – ils tentent – avec leur habillement, leur vocabulaire, leurs pratiques culturelles – d'arrêter le temps. Au début, ils croient qu'ils vont y arriver, mais quand ils comprennent que c'est impossible – assez vite, en fait –, ils sortent définitivement de la vie, promenant partout un air hagard d'inspecteur des ruines.

– Tequila, madame Florence ? proposa Justine.

Martine détestait qu'on l'appelle madame Florence, ça faisait trop patronne de bordel. Donc, sans travail depuis 1946 !

4

Olivier et Anémone arrivèrent ensemble. Ils s'étaient rencontrés dans le couloir. Anémone boudait. Cet après-midi avait été, du point de vue diététique, une catastrophe. Dès que vous entamez un régime, cette façon qu'ont les gens de vous mettre des bâtons dans les roues. D'abord, il n'y avait pas eu de déjeuner. La pire chose qui puisse arriver quand on a du poids à perdre, tous les diététiciens vous le diront. Notamment quand vous avez une activité sportive intense, comme c'était le cas d'Anémone avec ses longueurs. Maria, inconsolable du cancer de sa sœur, était rentrée chez elle sans préparer de repas. Elle s'était excusée, elle ne pouvait pas, elle était trop triste. Stella l'avait prise dans ses bras et lui avait dit qu'elle comprenait. Sa mère à elle aussi était morte d'un cancer, mais elle espérait que la sœur de Maria guérirait. Elle en était sûre. Maria avait dit qu'elle viendrait le lendemain matin avec les courses, comme d'habitude. « Si vous ne vous sentez pas bien, avait répondu Stella, restez chez vous. » Entendant cette phrase, Anémone avait cru se trouver mal. Stella était inconsciente ! Elle avait cinq personnes sur le dos – bientôt six, au cas où Anémone réussirait à convaincre Lucien de quitter Paris et *L'Arête* pour les rejoindre sur l'île – et prenait le risque de se retrouver sans personnel. Il n'aurait plus manqué que le fils de la femme de ménage eût une crise d'appendicite !

Maria partie, Stella avait dit qu'elle allait se reposer dans sa chambre.

– Tu ne déjeunes pas ? avait demandé Anémone.

– Non, merci. Je n'ai pas faim. Cette histoire de cancer m'a coupé l'appétit. Ça m'a rappelé ma mère.

Anémone se retrouva seule à la cuisine. Sagement, elle prit dans le frigo une barquette de carottes râpées industrielles. Mais c'était une barquette familiale, il y en avait dans les cinq cents grammes. Elle l'engloutit en quelques minutes. Elle se consacra ensuite à un camembert que Maria achetait chez le grand traiteur de l'île où l'on trouvait des produits étrangers. C'était là que la top-model allemande Annette Bretling achetait des saucisses, et la chanteuse irlandaise Bridget Fox du picadilly. Anémone se fit un sandwich au camembert. Sans un verre de vin rouge, c'est immangeable. Elle se servit un verre de vin rouge. C'était le premier alcool qu'elle buvait depuis une semaine. Il était temps, pensa-t-elle en reposant le verre avec un fort sentiment de culpabilité, de quitter cette cuisine. Mais elle ouvrit le congélateur où elle savait se trouver tout un choix de glaces et d'esquimaux. Elle avait lu dans un journal qu'après avoir donné un coup de couteau à quelqu'un, on était amené à en donner une dizaine d'autres, même si la personne était déjà morte. C'était la même chose quand on faisait une entorse à son régime alimentaire. Un coup ne suffisait pas, il fallait y aller à fond. Les carottes râpées, le camembert et le verre de vin rouge, c'était encore trop sage, trop diététique. Il fallait qu'Anémone ingère quelque chose d'interdit qu'elle aimait vraiment, et la chose interdite qu'elle aimait vraiment était le sucre sous toutes ses formes. Elle mangea coup sur coup deux esquimaux pralinés et sortit de la cuisine les larmes aux yeux, dégoûtée d'elle-même et surtout furieuse contre Stella. Si celle-ci n'avait pas autorisé Maria à rentrer chez elle mais l'avait au contraire obligée à préparer un repas équilibré, Anémone n'aurait pas ruiné en quelques minutes tous les efforts qu'elle avait déployés pour retrouver une ligne qui plairait à son amant néerlandais. Puisque l'héritière avait perdu l'amour, il était clair qu'elle voulait que son amie le perdît aussi ! Mais ça ne se passerait pas comme ça. Anémone se vengerait d'une manière ou d'une autre. L'un de ses plaisirs dans la vie était de se venger, et le plus grand cadeau que vous pouviez lui faire était de lui fournir un motif de vous en vouloir, de telle façon qu'elle se venge un jour de vous.

En sortant de la cuisine, Anémone se regarda dans le grand miroir du couloir. Elle constata avec surprise qu'elle n'était pas devenue énorme en quelques minutes, contrairement à ce que craignent toujours les gens qui transgressent un régime. Elle se trouva au contraire une bonne mine mince et bronzée, et eut alors cette pensée fatale : elle avait *de la marge*. Elle retourna dans la cuisine car elle avait encore faim, c'était comme si elle n'avait rien mangé du tout. Elle attaqua pêle-mêle un délicieux saucisson pimenté de l'île, une part de pizza froide, quelques radis comme de vagues rappels de l'époque déjà lointaine où elle faisait attention à son poids, deux tranches de jambon cru et, pour finir, un troisième esquimau praliné, le tout arrosé de plusieurs verres de vin rouge. Elle sortit désespérée de la cuisine, s'essuyant la bouche avec le dos de la main comme s'il y avait du sang dessus. Elle se trouva nez à nez avec Justine et Bimbo, adorablement maigres.

– Déjà rentrés de la plage ? fit-elle sur un ton coupable, persuadée qu'elle avait encore des miettes de pain ou des restes de pizza ou de saucisson à la commissure des lèvres.

– Oui, dit Justine. Il faisait trop chaud. Où est maman ?

– Dans sa chambre.

– Il n'y a pas de déjeuner ?

– Non, Maria a un problème familial, elle est rentrée chez elle.

– Zut, pour une fois qu'on était là à midi. Pauvre Bimbo, tu vas enfin goûter à ma cuisine. Que dirais-tu d'une salade de tomates aux haricots verts, avec un filet de jus de citron ?

– Je n'ai pas faim, dit Bimbo.

– Remarque, moi non plus.

Anémone les regarda avec haine s'éloigner, ces deux beaux jeunes gens qui n'avaient jamais faim. Elle était tellement furieuse contre eux et contre elle-même qu'elle ne se demanda même pas à quelle occupation ils allaient se livrer dans leur chambre à une heure pareille. Elle décida de remonter à la piscine et de faire vingt-sept longueurs, dût-elle en crever. Il fallait qu'elle se venge sur quelqu'un et, pour l'instant, elle n'avait qu'elle-même sous la main.

5

– J'appelle, alors ? demanda Anémone.

– Si tu veux, dit Stella.

– Si *tu* veux. Qu'est-ce qu'on risque ?

– Qu'il dise non.

– Si on ne lui pose pas la question, on ne lui donne aucune chance de dire oui.

– C'est toi qui décides.

– C'est moi qui décide depuis le lycée. J'en ai marre ! Décide un peu.

– Je n'y arrive pas.

– Bon, j'appelle.

La vengeance d'Anémone contre Stella arriverait sans doute plus tôt que prévu : Lucien les enverrait paître et l'héritière fondrait en larmes.

La restauratrice composa, sur son téléphone portable, le numéro de *L'Arête*.

– Thierry, c'est Anémone.

Thierry était le maître d'hôtel du restaurant. Anémone lui demanda comment s'était passée la soirée. Stella leva les yeux au ciel, disant : « On s'en fiche ! ». Anémone posa une main sur l'émetteur et dit :

– Moi, je ne m'en fiche pas. Je ne suis pas milliardaire. J'ai besoin de travailler pour vivre.

Elle hochait la tête en écoutant Thierry. La soirée n'avait pas été terrible : une trentaine de couverts. Comment étaient les réservations pour les jours à venir ? Moyennes. Août s'annonçait mal. Il fallait absolument qu'ils aient un bon article dans les pages Tourisme ou Art de vivre d'un grand quotidien. Anémone dit qu'elle s'en occuperait.

– Passez-moi Lucien, s'il vous plaît.

Le cuisinier venait de sortir.

– Je l'appelle sur son portable.

– Je ne sais pas s'il l'a sur lui, dit le maître d'hôtel.

Anémone coupa la communication et composa le numéro du portable de Lucien.

– Il n'était pas au restaurant ? demanda Stella.

– Il venait de sortir.

– Je savais bien qu'il ne fallait pas que tu bavardes avec le maître d'hôtel.

– Je te demande pardon, dit Anémone sur un ton grave mais secrètement réjoui.

Elle tomba sur la messagerie de Lucien, ce qui ne voulait pas dire que le cuisinier n'avait pas son portable sur lui.

– Lucien, c'est Anémone. Rappelle-moi dès que tu as ce message. C'est urgent.

Elle referma l'appareil qu'elle posa, comme une icône ou un dieu lare, sur la table de nuit de Stella. La chambre de l'héritière était la plus grande et la plus belle de la maison. Une fenêtre ouvrait sur la mer, une autre sur la colline. Un grand lit à trois places où Stella dormait seule depuis le début de l'été. Une table de nuit avec quelques best-sellers dessus. Stella alluma une cigarette et demanda :

– Maintenant, quoi ?

– On attend.

– Et s'il ne rappelle pas ?

– Il rappellera. Il est obligé. C'est mon employé. Je peux avoir besoin de lui dire quelque chose d'important pour le restaurant.

– Tu aurais dû commencer par là : lui dire que tu avais besoin de lui parler pour le restaurant.

– Et de quoi donc ?

– De n'importe quoi. Tu inventais.

– Et après, quand je l'invite à venir ici, il comprend que je me suis fichue de lui et je passe pour une idiote, alors que c'est toi, l'idiote !

Le portable d'Anémone sonna.

– Si vite ! fit Stella avec des yeux d'enfant émerveillé.

– Ça veut dire qu'il tient encore à toi. Pour le restaurant, il ne rappellerait pas tout de suite. Il a compris ce que je voulais. On est intuitif, dans la restauration...

Elle décrocha.

– Lucien ?

– Oui, Anémone. Que se passe-t-il ?

– Stella et moi, on a pensé que tu pourrais nous rejoindre pour le week-end.

– Tu n'as pas l'air de savoir que Stella et moi...

– Il n'est pas question de ça.

– Un peu, tout de même.

– Tu passes un week-end, rien d'autre.

– Rien d'autre ?

– Évidemment. Tu en as besoin, crois-moi.

– Et *L'Arête* ?

– Elle se passera de toi deux ou trois jours. Ou plus. Pour les affaires qu'on fait en ce moment. J'ai eu Thierry, ça n'est pas fameux.

– Justement, ce n'est pas le moment de quitter le navire. Et comment j'explique ça à Daphné ?

Stella avait allumé une autre cigarette et essayait, au travers du discours d'Anémone, de comprendre celui de Lucien. C'était ça, le grave défaut des portables, surtout quand on préparait un complot de filles : il n'y avait pas d'écouteur. Elles auraient dû appeler d'un poste fixe. Stella attendait aussi le moment où l'on pourrait avoir des conversations à trois ou quatre sur la même ligne, comme dans les anciens pays de l'Est – mais là-bas ça n'était pas exprès.

– Tu dis à ta femme que tu dois me rejoindre à Londres pour étudier avec moi l'implantation, là-bas, d'une *Arête*.

– Et si elle me demande le numéro de téléphone de l'hôtel où nous sommes ?

– On réserve une chambre dans un hôtel de Londres. Tu seras toujours sorti et la réception prendra tes messages.

– Qui paiera la chambre ?

– Stella, je pense. Ou moi... On fera une note de frais !

Stella, qui avait compris la question de Lucien en écoutant la réponse d'Anémone, dit d'une petite voix plaintive :

– Je paierai.

Si on en est déjà aux détails pratiques, pensait-elle, c'est que Lucien a décidé de venir.

– Elle est près de toi ? demanda le cuisinier qui avait entendu la voix de son ancienne maîtresse.

– Oui, dit Anémone. Tu veux lui parler ?

– Non. Elle va bien ?

– Je te la passe.

Stella faisait non de la tête ; Anémone lui tendit quand même l'appareil.

6

Pourquoi lui ? se demandait-elle. Un cuistot ! Elle qui ne mangeait rien. Ou presque. Ça énervait beaucoup Anémone quand elles faisaient des courses ensemble : « Si on goûtait ? » Goûter quoi ? La théorie d'Anémone était que le tabac coupait l'appétit à Stella. « Essaie un peu d'arrêter de fumer et tu verras... – Pourquoi arrêterais-je de fumer ? demandait Stella. – Pour ta gorge. Tu tousses tout le temps. Tu vas finir par avoir un cancer. Peut-être l'as-tu déjà. » Stella disait qu'elle préférait mourir d'un cancer que mourir grosse. « Quand tu seras en chimio, peut-être que tu changeras d'avis. » Anémone comprenait qu'elle avait gaffé. C'était ça que la mère de Stella avait fait, avant de mourir : une chimio. La restauratrice s'arrêtait devant une vitrine et demandait à son amie ce qu'elle pensait d'une robe, d'une paire de chaussures. Stella commençait par répondre du bout des lèvres, avec un petit air chagrin, puis entrait dans le débat. Ce qu'elle aimait dans les conversations sur la mode, c'était qu'elles n'avaient pas de fin. On pouvait parler de fringues toute une vie avec la même personne sans jamais se lasser.

Couchée de biais dans son grand lit, Stella regardait la nuit par la fenêtre ouverte. Si tout se passait comme prévu, Lucien serait dans l'île le lendemain vers quatorze heures trente. Il fallait quand même que : a) il ne change pas d'avis ; b) il n'y ait pas de grève à Air France, et c) l'avion n'explose pas en vol. C'étaient trois conditions derrière lesquelles Stella cachait sa joie comme on cache un butin, sans pourtant ajouter foi à aucune d'entre elles. Anémone était formidable. Elle débrouillait tous les problèmes, organisait votre vie au mieux. Elle faisait ça depuis leur adolescence, quand elle avait toujours un mensonge prêt pour les parents, une excuse prévue pour les professeurs, une blague préparée pour les mecs. Avec *L'Arête*, par exemple, elle avait mis la critique gastronomique à genoux. Elle avait un truc et Stella lui demandait souvent ce que c'était. L'autre répondait : « Mon truc ? J'aime vraiment les gens. »

Stella était un peu en colère quand Anémone lui tendit le téléphone alors qu'elle venait de lui demander de n'en rien faire, mais elle ne tarda pas à comprendre qu'Anémone avait eu, comme d'habitude, raison. Passé un moment de gêne, l'héritière se réinstalla dans la voix de Lucien comme dans un lit, avec l'impression d'être collée de nouveau contre son gros corps nu, doux et sans odeur. Elle dit des phrases qui étaient comme des caresses légères et il lui répondit à sa manière brutale et réservée, en homme habitué à donner des ordres aux marmitons, ces sortes de filles. Elle retrouva en quelques secondes leur intimité de Dubaï et de Singapour où ils avaient passé respectivement quatre jours et deux semaines sans presque quitter leur chambre d'hôtel. Elle ne pouvait pas vivre le reste de son existence sans cet homme, c'était *son* homme. Elle en était tellement persuadée qu'elle se disait que, de son côté, il ne pouvait pas ne pas l'aimer, qu'il faisait juste exprès de ne pas le reconnaître – pour l'exciter, la punir d'être riche, ou par simple sadisme, ce sadisme si fréquent dans la restauration.

– Lucien ? C'est toi, Lucien ?

Dans l'esprit de Stella, cette question absurde avait un sens : était-ce bien le *vrai* Lucien – celui qui l'avait aimée, celui qui l'aimait encore – et non pas l'autre, celui qui l'avait quittée pour retourner avec sa femme, cette Daphné qu'il avait rencontrée à l'école hôtelière où il enseignait et avec qui il avait deux bambins : Sidney (comme Sidney Bechet, car Lucien était un passionné de jazz) et Athena. Pourquoi Athena ? Stella n'en savait rien. Lucien n'était guère féru d'Antiquité grecque. Sans doute était-ce un choix de Daphné.

– Bonjour, Stella. Vous avez beau temps ?

– Sublime.

– Non.

– Je te promets.

– Non. Le temps n'est pas sublime. Une salade de homard – quand c'est moi qui l'ai préparée – est sublime. Mais pas le temps. Le temps est beau ou mauvais.

– Il est beau, s'empressa de rectifier Stella.

– Tu t'amuses bien ?

– Non. Je t'attends.

Silence. Encore une erreur, après le malheureux *sublime* non appliqué à une salade de homard préparée par Lucien. La pression. Sur un coup pareil, Stella connaissait le cuistot, il était capable de couper la communication et d'annuler son voyage. D'ailleurs, Anémone avait fait la grimace. Elle n'avait pas entendu la question, mais ce pathétique et haletant « Non, je t'attends » lui avait paru mauvais.

– Je vais essayer de venir, soupira Lucien.

– N'essaie pas, viens. Il fait un temps sub... magnifique. Il peut être magnifique, le temps ?

Lucien rit et ce rire inonda Stella d'un plaisir presque physique. Elle leva le pouce en direction d'Anémone pour lui indiquer que tout marchait bien. Anémone lui demanda par gestes si elle souhaitait qu'elle sorte de la pièce. Stella fit non de la tête. Lucien :

– Tu as gardé ton humour !

Il lui avait souvent dit qu'il aimait son humour. Le problème de Daphné, c'était qu'elle n'avait pas d'humour. C'était une fille gentille mais elle ne le faisait pas rire. Dans ce cas, demandait Stella, pourquoi ne divorçait-il pas d'avec elle et n'épousait-il pas une femme qui le faisait rire ? Il disait que c'était à cause de ses deux enfants. Stella comprenait qu'en fait il n'y en avait pas deux, mais trois, et que c'était lui le troisième. La plupart des hommes, expliquait Anémone, deviennent le fils de leur femme. C'est pour ça qu'ils ne la quittent pas. Il n'y a aucune raison de quitter sa mère, surtout quand on ne couche plus avec elle. Elles rigolaient. Anémone aussi avait beaucoup d'humour. En fait, l'humour de Stella était une copie de l'humour d'Anémone – une copie vague et maladroite, mais efficace, par moments.

Stella toussa.

– Tu refumes, dit Lucien.

– Un peu.

– Tu n'avais pas arrêté ?

– C'est trop dur.

– Oui, mais c'est dommage. Tu t'abîmes la santé.

– C'est gentil de t'intéresser à ma santé.

C'était une remarque tendre mais aigre, dans laquelle il y avait un reproche – *s'il s'intéressait vraiment à sa santé, il serait resté avec elle* – qui risquait de passer, aux yeux de Lucien, pour le signe avant-coureur d'une scène de ménage que Stella avait l'intention de lui faire dès qu'il serait dans l'île.

– Bien sûr que je m'intéresse à ta santé. Je t'aime. Je t'aime moins que Daphné, mais je t'aime.

– Qu'est-ce que je dois faire pour que tu m'aimes plus qu'elle ?

Anémone gonfla les joues, leva les yeux au ciel et fit non de la tête. A la fois furieuse contre elle-même et dévorée par la passion, Stella lui tourna le dos.

– Ça ne peut venir que de moi, dit Lucien. Toi, tu n'as rien à faire.

– Est-ce que tu crois que ça viendra de toi ?

– Je ne sais pas. Pas ce week-end, en tout cas. C'est trop tôt. Si tu préfères, je reste à Paris. J'ai des copains qui ont une maison près d'Évreux. J'irai chez eux.

– Non. Non ! Viens. Évreux ! Tu n'es pas fou ?

– Et pour le billet, comment on fait ?

– On s'occupe de tout. Tu le trouveras demain matin à l'aéroport. L'avion part à onze heures quarante. Ne le rate pas, mon amour.

Anémone la foudroya une dernière fois du

regard, mais Stella s'en moquait. L'autre n'avait rien compris à ce qui se passait entre Lucien et elle, elle n'y comprendrait jamais rien. C'était de l'amour. Pour ça qu'elle avait éprouvé le besoin de dire à Lucien « *mon amour* ».

7

Elle raccrocha et rendit le portable à Anémone.

– Alors ? demanda la restauratrice.

– Tu es géniale.

– Il vient ?

– Oui.

– Après, attention : pas d'erreurs !

– Le mieux est que je me fie à mes émotions.

– Hou-la, surtout pas ! En amour, l'ennemi, c'est l'émotion. Fie-toi à ton intelligence.

Anémone considéra Stella avec circonspection, eut une grimace imperceptible et finit par dire :

– Tu as raison : dans ton cas, mieux vaut te fier à tes émotions.

– Je sais bien que je suis bête, mais pas aussi bête que tu le crois.

– Toi, bête ?

– Tu me donnerais *L'Arête* à diriger, ce serait la ruine au bout de quinze jours.

Du coup, Anémone repensa à *L'Arête* et surtout

à sa merveilleuse carte concoctée par Lucien. L'eau lui vint à la bouche. Ils n'avaient presque pas dîné : des pâtes au pistou et une salade. Il n'y avait même plus de fromage ! Sans compter qu'au cours de l'après-midi Anémone s'était déchaînée dans la piscine. Pour se punir de ses excès du déjeuner, elle avait fait au moins quarante longueurs. Ça lui avait donné un appétit que les spaghettis et la laitue de Stella n'avaient pas suffi à calmer.

– Tu as des nouvelles de Maria ? demanda-t-elle.

– Tiens, non. J'aurais dû appeler dans l'après-midi. Cette histoire m'était sortie de la tête. Je téléphonerai demain matin. Remarque, pour la cuisine, on aura Lucien.

– Il ne se met jamais aux fourneaux hors du restaurant. Le dimanche, il emmène ses enfants au McDo.

– Non !

– Il dit qu'il trouve ça bon.

– L'enfoiré !

– Remarque, quand on a faim...

Dans l'imagination d'Anémone, les crustacés et les poissons de *L'Arête* furent remplacés par un Big Mac et une énorme portion de frites. Le Coca était un vrai Coca et non l'infect *diet Coke* qu'elle buvait à longueur d'année afin de ne pas grossir.

– Je grignoterais bien quelque chose.

– On sort de table !

– On n'a pas beaucoup mangé.
– Tu n'as pas aimé mes pâtes au pistou ?
– Il n'y en avait pas pour tout le monde.
– Je ne pouvais pas prévoir que Justine et Bimbo resteraient dîner.
– Ta fille a un sacré coup de fourchette.
– Oui. Sous ses airs intellos, c'est une bonne vivante.
– Pourtant, elle est maigre comme un clou.
– Que veux-tu, c'est la jeunesse : ils mangent ce qu'ils veulent et ne prennent pas un gramme.

Une phrase pareille ne pouvait que transpercer le cœur d'Anémone. Comment Stella avait-elle été assez indélicate pour la prononcer ? Elle était comme tout le monde : elle ne se souciait que d'elle-même. Seule Anémone s'occupait des autres. Ne venait-elle pas de sauver les vacances de Stella en décidant Lucien à les rejoindre dans l'île ? Le seul bénéfice qu'elle en retirait, c'étaient des remarques perfides sur son poids et son âge. Elle regarda sa meilleure amie avec une haine dont l'autre, perdue dans ses rêves d'amour, ne se rendit pas compte.

– Je m'habille comment pour demain ? demanda Stella.
– Comme tu veux.
– Aide-moi, s'il te plaît, Anémone.
– Tu m'aides, toi ?
– T'aider à quoi ?

– A faire mon régime.

– Comment je m'y prends ?

– Tu t'arranges pour que des repas équilibrés me soient servis à heures fixes, ce qui n'est plus le cas. Résultat : mon métabolisme est en révolution et je crève de faim. Là, en ce moment précis, je crève de faim !

– Va manger quelque chose.

– Quoi ? Il n'y a rien !

– Je prépare des pâtes, si tu veux.

– Tu ferais ça ?

– Oui, bien sûr. Tu as vu ce que toi, tu as fait pour moi ?

Stella se pencha pour embrasser Anémone. Elles se serrèrent l'une contre l'autre. La main de Stella s'agrippa aux fesses de la restauratrice.

– Qu'est-ce que tu fais ? demanda Anémone.

– Je vérifie que tu as besoin de perdre du poids.

– Tu as vu le cul que j'ai ?

– Les Hollandais aiment les gros derrières. Ils aiment les Françaises, et tu sais pourquoi ? Parce qu'il y a plus de Française dans une grosse Française que dans une Française maigre !

– Tu te moques de moi !

– Oui.

Stella rit.

– Je t'ai eue, dit-elle. Tu vois que je ne suis pas aussi bête que tu le crois.

8

– Écoute, Anémone...

Il appelait d'Orly-Sud. Elle sut tout de suite qu'il ne voulait plus venir dans l'île. Dans ce cas, pourquoi était-il allé à l'aéroport ? Parce que, comprit-elle, avant d'y être, il avait eu envie de venir dans l'île.

– Tu ne peux pas me faire ça ! cria Anémone. Je veux dire : lui faire ça.

– C'est déjà fait : l'avion est parti sans moi.

– Prends le prochain !

– Il n'y en a qu'un par jour.

– Prends celui de demain. Tu n'as même pas besoin de changer la date du billet, c'est en business.

– Je n'ai pas envie de venir.

– Pourquoi ? Il fait un soleil épatant. La maison est formidable. Tu as besoin de vacances. Tu as trop travaillé, cette année. J'en sais quelque chose. Cette deuxième étoile au Michelin n'est pas tombée du ciel. Tu nageras, tu bronzeras. En plus, tu auras ta chambre. Si tu n'as pas envie de dormir avec Stella, pas de problème.

– Il n'est pas question que je dorme avec Stella !

– C'est ce que je viens de te dire.

– Notre histoire est terminée.

– Elle le sait bien. Il n'y a aucune ambiguïté, crois-moi.

– Hier, elle m'a appelé « mon amour » !

– Elle serait juste contente de te voir. Et moi aussi.

– Toi et moi, on se voit toute l'année.

– On se voit toute l'année à *L'Arête*, pas ailleurs. Je te promets, Lucien : c'est un site extraordinaire. Tu vas adorer. Je t'en supplie, viens demain. Tu ne le regretteras pas, je te le promets.

– Je vais réfléchir.

– Réfléchis. Prends ta journée. Tu es fatigué. Tu ne le sens peut-être pas, parce que tu es une force de la nature, mais moi, je le sais. Je le vois. Si tu ne fais pas un break, tu vas entamer la saison d'une façon désastreuse.

– On part en Grèce dans quinze jours avec Daphné et les enfants.

– Ce n'est pas ce que j'appelle un break. Tu seras obligé de trimballer tout le monde, tes mômes te grimperont dessus, papa par-ci, papa par-là. Ici, tu seras comme un coq en pâte. Tu vas te reposer et te détendre. Ce n'est plus l'amie qui te parle, c'est la patronne.

– La patronne ?

– Celle qui travaille avec toi pour que ton talent – je serais tentée de dire : génie, mais tu vas encore râler – puisse s'exprimer et soit connu de tous – ou d'un maximum de gens, restons modestes.

– Bon. A plus tard.

– On t'attend demain, d'accord ?

– Ça me gêne pour Daphné.

– Elle n'en saura rien.

– Ça me gêne quand même, peut-être plus. Je préférerais presque qu'elle sache.

– Ne le lui dis pas, s'il te plaît. Ce n'est pas la peine de compliquer les choses.

– Je ne vais pas le lui dire, bien sûr. Le mieux, ce serait qu'il n'y ait rien à lui dire. Et si je reste à Paris, il n'y aura rien à lui dire !

Anémone se trouvait au bord de la piscine. Elle ne s'était pas encore remise à ses longueurs. S'était couchée trop tard la veille, après les pâtes de Stella.

– Je comprends, Lucien. Mais je te demande de venir. C'est important. Accorde-moi cette faveur. On sera demain matin à l'aéroport de Palma, Stella et moi. Je t'embrasse.

Elle raccrocha. Olivier Florence, installé à quelques mètres de là, avait suivi la conversation. Il montra à la restauratrice un visage compréhensif. Il avait dans les mains un gros livre sur Jean-Michel Basquiat.

– On dirait que ça ne s'arrange pas pour notre pauvre Stella, fit-il.

– Pas trop, non.

– Lucien ne veut plus venir ?

– Il a raté l'avion. Il prendra celui de demain. Enfin, j'espère. Maintenant, il faut que j'annonce la nouvelle à Stella.

Une voiture se présenta devant le portail de *Don Quichotte*. Anémone reconnut la Seat rouge de Maria. Elle se leva d'un bond, presque malgré elle.

– Il faut que j'aille demander à Maria des nouvelles de sa sœur, dit-elle.

9

Stella entra dans la cuisine au moment où, sous l'œil attendri de Maria, Anémone entamait ses œufs frits au bacon.

– C'est quoi ? demanda l'héritière à la restauratrice. Ton petit déj ? Ton déj ?

Ayant la bouche pleine, Anémone attendit de déglutir pour répondre :

– Tu devrais goûter ces œufs ! Ils sont divins.

– Ils sont pondus dans l'île, expliqua Maria.

– Dans l'île ! renchérit Anémone. Je me demande si je ne vais pas en importer à Paris pour *L'Arête*.

– Tu découvres les œufs de l'île, dit Stella. Pourtant, tu en manges tous les étés depuis des années.

– Je ne suis pas venue tous les étés, et il y a des étés où je n'ai pas mangé d'œufs. Par exemple, cette année, je n'en avais pas encore mangé.

– Et dans la salade niçoise ?

– Ce n'est pas pareil : ils sont durs. Frits, tu sens

mieux la différence de goût avec les œufs français. Elle est considérable.

– Tu n'es plus au régime ?

– Si, répondit Anémone en baissant la tête. Mais quand j'ai vu Maria arriver, j'étais tellement contente que je lui ai dit aussitôt de me faire quelque chose à manger.

Stella se tourna vers l'insulaire et lui demanda si sa sœur allait mieux. Maria dit que non, mais qu'elle-même ne pouvait pas rester tout l'été sans travailler, alors elle était remontée à *Don Quichotte.*

– C'est courageux de votre part, dit Stella. Si vous avez besoin de quoi que ce soit...

Levant la tête de son assiette, Anémone dit :

– Le meilleur spécialiste américain du cancer des ovaires est un cousin germain de mon mari.

– Ma sœur a un cancer du sein, dit Maria.

– Du sein, répéta Stella comme pour mieux s'en souvenir par la suite.

– C'est plus facile à soigner, dit Anémone en entamant son troisième œuf.

– Oui et non, dit Stella. Anémone, tu ne devrais pas manger ce troisième œuf.

– Pourquoi ?

– C'est un œuf de trop.

– Un œuf, c'est diététique. Et puis, j'en ai envie. J'ai eu trop d'émotions, ces dernières vingt-quatre heures. Ce matin, encore.

– Quoi, ce matin ?

Anémone en voulait à Stella pour la remarque que celle-ci venait d'émettre sur *le troisième œuf*. Elle pensait que l'autre aurait pu s'en dispenser. Stella ne se rendait-elle pas compte que ces entorses successives à son régime la torturaient intérieurement ? Avec cette remarque, c'était comme si Stella saupoudrait de sel les plaies d'une résistante torturée par la Gestapo. Ça méritait une punition. Anémone en avait une sous la main.

– Lucien m'a téléphoné.

– Il ne vient plus ?

La soudaine pâleur de Stella ainsi que le méchant rictus qui déforma son visage firent plaisir à Anémone, un plaisir dont elle eut aussitôt honte, la même honte qu'elle éprouvait quand elle venait de vider un paquet de bonbons ou de dévorer une plaque de chocolat au lait.

– Il prendra l'avion de demain, dit-elle.

– Tu es sûre ?

– Il me l'a promis.

Stella s'assit et dit :

– Je suis presque soulagée qu'il ne vienne pas aujourd'hui. A l'idée de le revoir, j'ai une angoisse terrible. Je n'ai pas fermé l'œil de la nuit. Si ça se trouve, il ne m'aime plus et moi non plus. Et si mon sentiment pour lui n'était rien d'autre que la nostalgie des moments heureux que nous avons vécus ensemble, notamment à Singapour et à Dubaï ? Et si, de son côté, il avait juste envie d'être dorloté, choyé ?

– L'amour, c'est ça : la nostalgie de la passion, le besoin de tendresse. Mais si tu penses qu'il vaut mieux que Lucien reste à Paris, appelle-le.

– Non. Ce sera plus rigolo s'il est là. Tu ne crois pas ?

– Moi, j'ai plutôt envie qu'il vienne, bien qu'au départ ç'ait été ton idée. Mais peut-être vas-tu souffrir si les choses entre vous ne se passent pas comme tu le désires.

– Je ne désire rien de spécial.

– Ne dis pas ça, Stella, s'il te plaît.

– Je veux juste qu'il soit là. Sentir sa présence.

– Et ce n'est pas de l'amour, ça, peut-être ?

– Je ne sais plus, dit la milliardaire sur un ton rêveur.

Maria lui servit un bol de café. Elle en but une gorgée et alluma une cigarette. Anémone lui reprocha de fumer dès le matin.

– Redis ça, fit Stella. C'est bon. J'ai l'impression d'entendre Lucien. Vous avez les mêmes intonations.

– C'est à force de travailler ensemble. Mais il n'aime pas les femmes qui fument. Il me l'a dit plusieurs fois.

Justine entra dans la cuisine. Elle portait un tee-shirt blanc et un bas de maillot de bain, blanc lui aussi.

– J'adore les fesses de ma fille, dit Stella. Elles sont mieux que les miennes.

– Et pour cause, dit Justine. Ce sont celles de mon père.

– Je sais, dit Stella. Jérémie a longtemps eu les plus belles fesses de Paris.

– Je confirme, dit Anémone, bien que je ne les aie jamais touchées. Ou alors par hasard, dans une fête.

L'étudiante s'installa en face des deux femmes. Maria lui demanda si elle voulait du café. Justine dit que le café était du poison et demanda qu'on lui presse trois oranges et qu'on lui prépare un bol de corn-flakes qu'elle mangerait sans lait, car le lait aussi était un poison.

10

Dans le couloir, Martine Florence croisa Justine qui regagnait sa chambre. La fille de Stella avait peu changé depuis l'âge de quatorze ans. Toujours cette longue fleur secrète. Le reste de l'année, Martine ne la voyait guère, car Olivier Florence ne voulait partager avec personne – surtout pas avec sa propre épouse – son rôle de *chevalier servant* auprès de la jeune fille, mais celle-ci réapparaissait chaque été à *Don Quichotte*, la même en plus grand, en plus fin, et toujours avec ce silence plein et menaçant.

Justine portait un plateau sur lequel étaient disposées une tasse de café et des tartines au beurre et à la confiture. Martine se demanda si c'était son petit déjeuner ou celui de Bimbo. Elle voyait mal Justine apporter un seul petit déjeuner dans la chambre qu'elle partageait avec l'étudiant. Elle en conclut que la jeune fille servait à Bimbo son petit déjeuner au lit et donc que, selon toute probabilité, ils faisaient l'amour ensemble. L'homosexualité de

Justine avait été, ces dernières années, l'un des grands sujets de conversation du couple Florence. Martine se promettait d'y inclure dès aujourd'hui ce nouvel élément. Elle voulut néanmoins en avoir le cœur net et demanda à la jeune fille :

– C'est le petit déjeuner de Bimbo ?

– Oui. Je suis furieuse parce que j'avais fait trois tartines et qu'Anémone m'en a boulotté une au passage. Pourtant, elle venait juste de s'empiffrer d'œufs au bacon !

– Il a bon appétit, Bimbo, le matin.

– Oui. On ne sait pas pourquoi.

Cette phrase laissa Martine perplexe. Ne sous-entendait-elle pas que l'étudiant ne produisait aucun effort nocturne, autrement dit qu'il ne faisait pas l'amour avec Justine ? A moins que ce ne fût une ruse de la jeune fille pour ne pas laisser deviner la vérité, qui était que Bimbo et elle couchaient effectivement ensemble.

Martine mangea un fruit debout dans la cuisine tout en discutant avec Maria des courses que celle-ci avait faites dans la matinée, puis elle monta à la piscine où elle s'allongea à côté de son mari. Anémone était en train de faire ses longueurs. On entendait sa respiration forte et régulière. Stella fumait une cigarette en regardant l'horizon.

– Il y a un problème, dit Olivier.

Aussitôt, Martine devina de quel problème il

s'agissait : Lucien s'était décommandé. Olivier le lui confirma d'un hochement de tête.

– On sait pourquoi ? demanda Martine.

– Pas compliqué à comprendre : il n'a pas eu envie que Stella lui saute dessus.

– Elle réagit comment ?

– Tu vois : elle grille clope sur clope.

– La pauvre.

– Anémone dit que Lucien viendra demain, mais j'en doute.

– Je ne comprends pas ce qu'elle lui trouve. Il est grossier. Tu te souviens de ce dîner villa Montmorency, où il s'est moqué de ta collection de meubles ?

– Il m'a un peu taquiné, c'est tout. Ils sont taquins, dans la restauration.

– Il ne m'a jamais plu. Je préférerais qu'il ne vienne pas.

– Moi, je préfère qu'il vienne, sinon Stella sera d'une humeur atroce tout le reste du séjour.

Anémone sortit de l'eau. Stella la regarda avec étonnement.

– Déjà ? Tu n'as même pas fait dix longueurs !

– Ce matin, je me sens lourde.

– C'est le troisième œuf. Je t'avais dit de ne pas le manger.

– Non. Je me suis couchée trop tard, hier.

– Désolée.

– Ce n'est pas ta faute.

– Si, tout de même un peu.

– C'est moi qui t'ai demandé de me faire des pâtes.

– Ah bah voilà : ce sont les pâtes, c'est pour ça que tu te sens lourde. Il ne faut plus manger des pâtes au milieu de la nuit, ma vieille.

Anémone regarda Stella avec haine. Toujours les attaques de la milliardaire visant son poids, son âge. Une punition rapide s'imposait. Pour se donner le temps d'y réfléchir, Anémone demanda à Martine si elle avait bien dormi. L'autre dit que oui. Stella se mit à tousser.

– Ce ne serait pas un peu ton cancer ? lui demanda Anémone.

Satisfaite, la restauratrice s'étendit sur le transat et ferma les yeux. Martine trouva qu'elle avait grossi depuis la veille. Elle en fit la remarque à Olivier. Il expliqua à voix basse :

– Je ne sais pas ce qu'elle a : elle n'arrête pas de bouffer.

– Un problème avec son mec ?

– Je ne sais pas. Avec moi, elle est discrète là-dessus. Je suis l'avocat de son mari.

– Tu es aussi le sien.

– Oui : je suis l'avocat des deux, c'est pour ça que l'un et l'autre se montrent discrets avec moi, du moins pour ce qui concerne leurs amours extra-conjugales.

Stella se leva et dit qu'elle allait au village. Quelqu'un voulait-il l'accompagner ? Martine se leva à son tour, bientôt imitée par Anémone. Les trois vieilles amies descendirent l'escalier en pépiant et gloussant comme des jeunes filles insouciantes.

11

Dans la voiture, Martine dit :

– Ce matin, j'ai vu Justine apporter son petit déjeuner au lit à Bimbo.

– Ils s'entendent bien, dit Stella. Je suis contente.

– A mon avis, dit Anémone, ils ne couchent pas ensemble.

La restauratrice n'avait pas encore digéré le *il ne faut plus manger des pâtes au milieu de la nuit, ma vieille* de tout à l'heure, et son allusion au futur « cancer » de Stella ne lui semblait plus, après coup, un châtiment suffisant pour un pareil affront. Aussi ne lui déplaisait-il pas de torturer un peu Stella au sujet de Justine pendant le trajet jusqu'au village.

– Pourquoi dis-tu ça ? demanda Stella.

– S'ils couchaient ensemble, ils s'entendraient moins bien.

Martine, sur la banquette arrière, rit.

– Je ne comprends pas, dit Stella.

Elle conduisait vite, cigarette au bec. La route

descendait en douceur vers la mer. Martine se souvenait de l'année où Jérémie, le père de Justine, avait loué un voilier. Ils montaient dessus et faisaient le tour de l'île. Sauf Anémone qui souffrait du mal de mer.

– Samuel et moi, expliqua Anémone, on s'entend bien : c'est parce qu'on ne couche pas ensemble. Quand on couchait ensemble, on se disputait sans arrêt. Le sexe, c'est la guerre.

– Oui, dit Stella. Mais c'est bon.

– Olivier et moi, intervint Martine, on couche ensemble et on s'entend bien.

– Tous les soirs ? demanda Stella.

– Au moins un soir sur deux.

– Vous, dit Anémone, ce n'est pas pareil : vous êtes un couple parfait.

Martine se reprit à rire, mais c'était un rire fragile, qui s'éteignit vite. Elle comprenait que l'expression « couple parfait » avait, dans la bouche d'Anémone, quelque chose de péjoratif. Un couple parfait, c'était un couple ringard. Martine avait l'impression qu'à chaque fois qu'Anémone la regardait, elle pensait regarder une ringarde, une ringarde gentille et qu'elle aimait bien, mais une ringarde quand même, définitive, que rien – ni l'argent, ni la position sociale – ne ferait sortir de son statut.

– Je crois, dit Stella, qu'on ne saura jamais si Justine et Bimbo couchent ensemble. Ce n'est pas elle qui nous le dira. Quant à lui, il n'ouvre pas la bouche.

– Hier soir, dit Anémone, il a demandé le sel. Il a une jolie voix. Un peu efféminée, peut-être.

– J'oublie toujours le sel quand je fais la cuisine, dit Stella. C'était un des grands sujets d'amusement de Lucien.

Elle demeura rêveuse quelques instants. Anémone et Martine échangèrent un court regard de connivence.

– Pourvu qu'il vienne, dit Stella.

– Ce matin, dit Anémone, tu voulais le contraire.

– J'ai peur, mais j'ai envie.

– C'est ça, la passion : l'envie plus forte que la peur.

– C'est si bon d'être amoureuse.

– Tu devrais en profiter pour arrêter de fumer.

– Chiche !

Stella jeta dehors sa cigarette à demi consumée.

– Tu es folle ! s'exclama Anémone. Tu vas faire cramer toute l'île !

– Merde ! dit Stella.

Elle pila. La voiture qui la suivait – un 4×4 immatriculé à Monaco – n'eut pas le temps de s'arrêter. Anémone, qui n'avait pas attaché sa ceinture de sécurité, fut projetée tête la première dans le pare-brise. Martine se fracassa l'épaule contre le siège de Stella. Celle-ci était indemne. Elle vit le visage ensanglanté de la restauratrice, elle crut que l'autre était morte et cria :

– Anémone !

Anémone entrouvrit les yeux et demanda ce qui s'était passé. Elle hurla quand elle vit le sang sur ses mains. Elle se pencha vers le rétroviseur.

– Ne regarde pas ! dit Stella.

Sur la banquette arrière, Martine gémissait en se tenant l'épaule. Elle dit qu'elle avait mal. Stella descendit de voiture. Elle vit marcher vers elle une longue jeune femme brune qu'elle identifia aussitôt comme étant Annette Bretling, la top-model allemande.

– *Fous afez des plessés ?* demanda la top.

– Oui : mes deux amies.

– *On fa abeler la bolice zur mon bordaple.*

12

L'avion de Paris était attendu dans dix minutes. Stella appela Anémone à l'hôpital. La restauratrice lui demanda d'une voix nasillarde si Lucien était arrivé.

– Son avion n'a pas encore atterri.

– Pourvu qu'il soit dedans.

Stella sentit son cœur se décrocher dans sa poitrine. Anémone n'était même pas sûre que Lucien avait pris cet avion ! A moins que sa phrase n'eût été qu'une façon de commencer à se venger, elle aussi, de Stella, à cause de l'accident de la veille au cours duquel la restauratrice avait perdu un nez, même si ce n'était pas vraiment le sien.

– Il t'a appelée ? demanda la milliardaire.

– Non. Et toi ?

– Non plus.

– On aurait peut-être dû l'appeler, nous.

– Je n'avais pas le courage.

– Moi, j'avais d'autres préoccupations.

Stella eut honte de ne pas avoir demandé des nouvelles de sa santé à Anémone, ce qu'elle s'empressa de faire.

– On aura nos résultats tout à l'heure, dit la restauratrice.

Ce *on* était une façon d'indiquer à Stella qu'elle aurait pu aussi prendre des nouvelles de Martine Florence. Stella se mordit les lèvres. Décidément, elle était au-dessous de tout. C'était la faute à Lucien. Il n'était pas encore arrivé dans l'île qu'il commençait déjà à nuire à Stella, à lui faire du mal.

– Et Martine ?

– Je n'ai pas le droit de la voir, dit Anémone d'une voix d'outre-tombe. Je me demande pourquoi. J'espère qu'elle n'a rien de trop grave.

– Olivier est avec elle ?

– Oui. Il est venu me dire bonjour. Il ne décolère pas contre toi. Je crois qu'il veut te faire un procès.

– Il m'a dit ça hier soir, en rigolant.

– Ce matin, il ne rigolait pas.

– Il ne peut pas me faire un procès : c'est mon avocat !

– Il est furieux. Il faudrait que tu le calmes d'une manière ou d'une autre.

– Que veux-tu que je lui fasse ? Une pipe ?

Anémone rit. Stella était contente, chaque fois qu'elle faisait rire son amie. C'était comme si elle remportait une victoire sur elle.

– Ça ne lui déplairait pas, dit Anémone.

Stella se demanda si elle plaisantait. Peut-être que non. Qu'est-ce qu'avaient en ce moment les hommes avec elle ? Quelque chose en elle devait les exciter, elle ne savait pas quoi. Elle se dit que c'était bon signe, qu'elle se remettrait sans doute bientôt à faire l'amour. Avec Lucien, ou un autre. Elle ne l'avait pas fait depuis cinq mois et demi et trouvait ça long.

– Je te laisse, dit-elle. Je crois que le vol de Paris vient d'arriver.

– Ce serait bête que Lucien soit dans l'avion et que vous vous ratiez à l'aéroport.

– Oui : bête.

13

– Stella !

C'était son prénom, mais ce n'était pas la voix de Lucien. Pourtant, elle connaissait cette voix. Forcément, puisque l'homme la connaissait, elle. Elle se retourna : Jérémie, dans un vieux costume blanc offert naguère par un célèbre acteur américain qu'il avait défendu devant la Justice française, lui souriait. Son grand sourire intelligent et sentimental qui signifiait : « Je réfléchis à votre dossier avec une bienveillance extrême. » La terreur s'empara de Stella : son ex-mari avait-il décidé de débarquer à l'improviste à *Don Quichotte*, comme il le faisait de temps en temps, afin de se retremper, disait-il, dans une ambiance familiale, *clanique* ? Ça ne pourrait que gâcher ses retrouvailles avec Lucien.

– Jérémie !

Elle lui sauta au cou. Ils se serrèrent l'un contre l'autre. Elle le trouvait toujours beau – plus beau que Lucien, bien sûr – et eut du plaisir à se frotter contre lui, un plaisir rapide, sec et froid, comme un homme soûl peut en avoir avec une prostituée dans une voiture au milieu de la nuit.

– Tu es magnifique, dit Jérémie en la regardant droit dans les yeux.

– Mais non, dit-elle, ravie.

– Je t'assure : tu ne vieillis pas.

Ça n'est pas bon signe, quand on commence à nous dire que nous ne vieillissons pas. Le signe que nous vieillissons !

– Que fais-tu ici ? demanda Stella.

– Ne t'inquiète pas : je ne viens pas te squatter.

– Je ne m'inquiète pas. Tu sais que tu es le bienvenu à *Don Quichotte*. C'est et ce sera toujours ta maison. Il y a ta fille, elle serait ravie de te voir.

– Je loge chez des amis, mais je vous rendrai une ou deux visites. Tout se passe bien ?

– Non.

Stella raconta les événements de la veille, en surveillant d'un œil les passagers en provenance de Paris. Lucien ne se trouvait pas parmi eux. Une fois de plus, elle se sentit soulagée. Elle se demandait si, au fond, Lucien ne l'ennuyait pas un peu. Sinon, pourquoi aurait-elle éprouvé ce sentiment de légèreté et de délivrance à chaque fois qu'il ratait un de leurs rendez-vous ? Le désespoir ne s'installait en elle qu'une ou deux heures plus tard, comme tombe une brume épaisse. Jérémie n'écoutait le récit de

Stella que d'une oreille. Lui aussi semblait avoir d'autres soucis. Un problème avec sa nouvelle petite amie ? Qui c'était, déjà ? Stella avait oublié. Ça allait trop vite pour elle.

– Quelqu'un t'attend ? demanda-t-elle. Sinon, je te conduis chez tes amis avec la Golf.

– Non : je dois louer une voiture. Tu es venue pour qui ?

– Lucien.

– Ah, Lucien.

– Tu ne l'as pas vu dans l'avion ?

– Non.

Stella comprit alors que si le cuisinier avait bel et bien voyagé dans cet avion, Jérémie avait occupé une place en éco. Ses soucis pouvaient, du coup, être d'ordre financier. Peut-être venait-il dans l'île pour emprunter de l'argent. A *elle* ? C'était déjà arrivé. Jérémie gagnait bien sa vie mais était incapable de gérer un budget.

– Je ne lui pardonnerai jamais le mal qu'il t'a fait, dit Jérémie. Traiter ainsi ma petite Stella. C'est criminel ! S'il ne tenait qu'à moi, il serait en prison pour vingt ans au moins.

– Je te rappelle que tu es avocat, pas juge.

– Je me demande si je n'ai pas raté ma vocation !

Il rit, elle rit avec lui. Elle nota qu'une personne sur trois ou quatre les regardait avec une stupeur enchantée ou boudeuse, selon les cas. Elles reconnaissaient Jérémie. Stella ressentit le confort physique et moral qu'on trouve à la fréquentation d'une célébrité. On n'a plus besoin de regarder les gens puisqu'ils nous regardent – et on ne se demande plus si on est au bon endroit, à la bonne heure, avec la bonne personne, puisque tout le monde nous envie d'être à cet endroit, à cette heure, avec cette personne. Il y a aussi le plaisir d'avoir été *choisi* – ou de faire croire qu'on l'a été, ce qui revient au même – par un être déjà *choisi*.

– Enfin, dit Jérémie, c'est ton problème.

Il avait prononcé le mot « problème » sur un petit ton méchant qui blessa et effraya Stella, et la mit aussi un peu en rogne. De quoi se mêlait Jérémie ? S'il n'avait pas voulu qu'elle tombe amoureuse de Lucien, il n'avait qu'à, treize ans plus tôt, rester avec elle. Ç'avait été le même souk, de 1990 à 1998, avec Patrick. Il était, selon Jérémie, *indigne d'elle*. Pour Jérémie, aucun homme, à part lui, n'était digne d'elle. Le *hic* était qu'il ne voulait plus d'elle !

– Je te laisse : je ne veux pas serrer la main de ce salaud.

– Si tu passes voir ta fille à *Don Quichotte*, tu seras bien obligé de le faire.

– Il doit rester longtemps ?

– Je ne sais pas.

– Je te téléphonerai.

– J'espère bien !

– N'empêche, je te trouve en superforme. Tu n'as jamais été aussi belle.

– Merci.

Il s'éloigna, mince et longue silhouette à la démarche élastique. Il tirait derrière lui un petit chariot à roulettes sur lequel était fixée sa valise. Stella trouva soudain qu'il avait l'air vieux. Pourtant, il ne vieillissait pas, lui non plus. C'est ça, en fait, être vieux : ne plus vieillir.

Alors apparut Lucien, les mains dans les poches. C'était un petit gros au crâne dégarni. Stella ne l'avait jamais trouvé beau, mais, ce jour-là, elle le trouva laid. C'était parce qu'elle n'avait pas encore vu ses yeux verts, ni entendu sa voix chaude. Dès qu'il fut près d'elle et qu'elle lui eut dit bonjour, elle glissa dans ses yeux, tomba dans sa voix, et comprit que, comme avant, il ferait d'elle ce qu'il voudrait, si toutefois il voulait quelque chose.

– Tu n'as pas de bagages ?

– Non : je repars demain.

C'était le premier coup qu'il lui donnait et elle chancela intérieurement – et aussi un peu extérieurement.

– Anémone n'est pas avec toi ?

Elle raconta l'accident, puis conclut :

– Ce serait dur pour elle si tu repartais tout de suite. Elle a besoin de toi.

– On verra. Tu es garée loin ?

– Non.

– Allons-y ! On passera d'abord par l'hôpital.

– Ce n'est pas une bonne idée : Anémone détesterait que tu la voies dans l'état où elle se trouve.

– Elle a besoin de moi ou elle n'a pas besoin de moi ? Je vais l'appeler.

Anémone était sur messagerie, cas extrêmement rare. Sans doute, expliqua Stella, faisait-on des soins à la restauratrice. Il y avait aussi ce problème de nez. De toute façon, les visites n'étaient plus autorisées après midi. Quant à Olivier Florence, il resterait en ville jusqu'au moment où il pourrait ramener Martine à *Don Quichotte*. Il avait dit à Stella qu'il prendrait au besoin une chambre dans quelque hôtel. Tout se goupillait bien. Avec un peu de chance, Justine et Bimbo auraient pris les mobylettes pour aller à la plage, et la maison serait vide. « Je ferai une pipe à Lucien dans la cuisine », pensa Stella. La chambre serait tout de même mieux. Dans la voiture, elle prit la main du cuisinier. Ils s'embrassèrent sur la bouche et elle lui caressa le sexe à travers le pantalon. Il bandait.

– C'est peut-être un peu rapide, non ? dit-il.

– Non, dit-elle. Non, non, non, non, non, non, non.

14

– Ta chambre. D'habitude, un homme pose son sac sur le lit mais toi tu n'as pas de sac, alors...

Lucien s'assit sur le lit.

– Il est neuf, dit Stella. On l'a changé l'année dernière. Je n'ai jamais fait l'amour dessus.

Elle rit. N'ayant pas d'affaires et n'ayant donc pas à les ranger, Lucien ne savait pas à quoi s'occuper. Stella s'assit à côté de lui, ce qu'il prit comme une agression. Une rupture de leurs accords téléphoniques. Il se releva.

– On appelle Anémone ? proposa-t-il.

– Elle nous appellera quand elle aura les résultats de ses examens.

– J'ai envie de lui parler.

– C'est pour elle ou pour moi que tu es venu ?

– Les deux.

– Alors un peu pour moi aussi ?

– Oui : pour toi et pour elle.

– Plus pour moi que pour elle ?

– Je ne sais pas.

– Moi, je sais : plus pour elle. Avoue, c'est elle que tu préfères.

– Tu rêves ? Tu n'as pas vu sa tête ?

– Et l'accident n'a rien arrangé !

Stella eut un petit rire méchant qui ulcéra Lucien. Il s'en voulut d'avoir dit du mal du physique d'Anémone. La vérité était qu'il trouvait Anémone et Stella aussi moches l'une que l'autre. Daphné, à côté de ces deux boudins quinquagénaires, était une fontaine de jouvence et de beauté. Alors pourquoi ne l'avait-il pas rejointe aux Sables-d'Olonne, où elle passait les vacances chez ses parents, avec Sidney et Athena ? Parce qu'il n'avait pas envie de la voir. Il avait envie de voir Anémone et Stella. Il ne savait pas pourquoi. Peut-être parce qu'elles le faisaient rire, chacune à leur manière : Anémone volontairement, Stella involontairement. Et puis, elles allaient s'occuper de lui et il savait qu'aux Sables-d'Olonne il aurait dû s'occuper de Daphné et des enfants. Il avait besoin qu'on s'occupe de lui. Anémone avait bien compris ça. Anémone comprenait tout. Quand on travaillait avec elle, on pouvait laisser son cerveau reposer, celui d'Anémone bossait pour deux.

La chambre était jaune. Du carrelage blanc par terre. Le lit était un petit lit à deux places ou un grand lit à une place. Le couvre-lit était du même jaune que les murs. Il y avait aussi une table et une chaise.

– C'est dans cette pièce, dit Stella, que Jérémie a écrit son livre *L'Indépendance de la Justice*, en été 1989. On était déjà divorcés.

– Tu ne me l'avais pas donné, ça ?

– Si. Tu l'as lu ?

– Non. C'est bien ?

– C'est remarquable. Tu aurais dû le lire.

– Je ne sais pas lire, c'est pour ça que je travaille de mes mains.

Stella prit cette blague, Lucien ne sut jamais pourquoi, pour une invitation amoureuse : elle se leva et se colla contre lui, comme elle l'avait fait avec Jérémie à l'aéroport. Elle lui mit la main aux fesses. Elle lui mettait souvent la main aux fesses, quand ils étaient ensemble. C'était un truc de génération. Une victoire du MLF. Les années 70 resteraient dans l'histoire du féminisme comme l'époque où les filles commencèrent à mettre la main aux fesses des garçons.

– Non, Stella.

– Tu en as envie.

– Non.

– Tu bandais, dans la voiture.

– C'est les Golf, ça me fait toujours ça.

– Connard ! dit-elle en riant.

Il regarda sa montre, une montre Blancpain que

Daphné lui avait offerte pour son quarante-quatrième anniversaire, le 3 mai dernier.

– Ce ne serait pas l'heure du déjeuner ? demanda-t-il.

– On croirait entendre Anémone. Tu n'as pas eu un repas dans l'avion ?

– Je ne l'ai pas pris : il avait l'air infect.

– Alors, viens, je vais te présenter Maria. C'est notre cuisinière. Je lui ai parlé de toi. Elle est un peu triste parce que sa sœur a un cancer. Des ovaires, je crois. Non, du sein. Putain, du sein ! Je ne m'en souviens jamais. Je vais encore gaffer.

15

Un gros pansement blanc couvrait le front, le nez et les pommettes d'Anémone. Lucien se pencha vers elle pour l'embrasser. Ils se trouvaient devant la sortie de l'hôpital. Le cuisinier déposa un baiser léger à la commissure des lèvres de la restauratrice. En même temps, il lui prit la main. Stella observait ce manège avec un air mécontent.

– Alors, ce nez ? demanda Lucien.

– Cassé, dit Anémone. Je m'en fiche, ce n'était pas le mien. Je m'en ferai refaire un autre à mon retour en France. Il ne me plaisait pas. Il datait de 1975. J'ai une de ces dalles, moi ! Ici, ce n'est pas la cuisine de l'hôpital Américain.

– Maria nous a préparé une paella pour le dîner, dit Stella.

– Une paella ! s'exclama Anémone. J'adore !

– Je sais. C'est pour ça que je lui ai demandé.

– Tu es un amour.

Anémone s'approcha de Stella et la serra contre

elle comme à l'époque de leur adolescence, quand elles se séparaient pour les vacances d'été. Anémone allait à Deauville, Stella en Corse. Leur joie quand, à quatorze et quinze ans, elles convainquirent leurs parents respectifs – c'est en fait Anémone qui monta l'affaire, avec patience et ruse – de les envoyer ensemble, sous la vague surveillance d'une ancienne baby-sitter de Stella, au Club Med de Miami !

– Martine ne sort pas, alors ? demanda Stella.

Elle était inquiète. Elle pensait au procès. Pour s'en être servie, notamment contre sa propre sœur, elle savait qu'Olivier Florence était une arme terrible. S'il se retournait contre elle, ça ferait des dégâts. En plus, il ressortirait l'histoire de la cigarette jetée dans l'herbe, Stella aurait les écolos sur le dos. Ils étaient puissants, dans l'île. Sa vie deviendrait un enfer.

– Non, dit Anémone. Ses résultats ne sont pas bons.

– Elle ne va pas mourir ?

– J'espère que non. Il y a un autre problème. Mais Olivier n'a pas voulu me dire lequel. Il savait que je t'en parlerais. Ça peut le gêner, en cas de procès.

– Il t'a dit ça ?

– Non, mais je l'ai compris.

– Peut-être que tu te trompes.

– J'espère que je me trompe, parce que s'il te traîne en justice, tu vas dérouiller.

– Je sais, soupira Stella.

– Ne t'inquiète pas, dit Lucien à la milliardaire. Il ne fera jamais ça. Il respecte trop l'argent.

– Je n'en suis pas si sûre, dit Anémone.

Stella lui jeta un regard éperdu. La restauratrice se demanda pourquoi, à peine sortie de l'hôpital, elle se remettait à torturer Stella. D'abord, quoi qu'elle prétendît, elle regrettait la perte de son nez. Ce n'était pas un nez parfait, il était même démodé, mais elle avait fini par le considérer comme sien, par le prendre en sympathie. Deuxièmement, cette nouvelle opération fichait en l'air sa rencontre en septembre avec son amant néerlandais. Elle ne l'avait pas encore appelé à La Haye, elle le ferait dans la soirée, ou le lendemain matin. Le seul bon côté de l'accident, c'était qu'elle n'avait plus besoin de faire un régime. Elle allait pouvoir se déchaîner sur la bouffe !

Mais c'était autre chose qui, plus profondément, la blessait. Quand elle avait vu, en descendant l'escalier de l'hôpital, Lucien et Stella debout à côté de la Golf, elle avait eu mal. A travers l'indifférence légère et ensoleillée avec laquelle ils s'adressaient l'un à l'autre, ils avaient l'air de s'aimer. Anémone était pourtant persuadée que Lucien n'aimait pas Stella. La restauratrice se demandait de qui être jalouse : de Lucien parce qu'il lui prenait Stella, ou de Stella parce qu'elle lui prenait Lucien ? Elle devait choisir qui haïr. Elle choisit de haïr Stella parce qu'elle ne travaillait pas avec elle. Elle plaçait le travail au-dessus du reste.

– Tu ne t'assieds pas devant, je pense ?

Lucien rit à la question ironique de Stella. Ce rire fit mal à la restauratrice. D'une façon générale, celle-ci trouvait l'humour de Stella lamentable. Une imitation grotesque, déshonorante du sien. Sans un mot, elle s'installa sur la banquette arrière. C'était une vieille Golf et il n'y avait pas de ceinture de sécurité à l'arrière. Pas plus qu'il n'y en avait à l'arrière de la Mercedes, vieille elle aussi. Stella aimait les vieilles voitures. Pas les voitures de collection, comme Olivier. Ni les anciennes. Les voitures *âgées*.

Lucien se tourna vers Anémone et dit :

– Il vaut peut-être mieux que tu sois à l'avant avec une ceinture plutôt que sans, derrière.

– Mon nez est déjà cassé.

Lucien sourit et lui prit de nouveau la main. On eût dit que les gens ne comptaient pour le cuisinier que lorsqu'ils avaient des ennuis. Sinon, il ne les voyait pas, sauf pour leur crier dessus quand ils avaient fait une bêtise, surtout dans sa cuisine.

16

Justine regardait Lucien manger. Elle haïssait chacun de ses gestes. Ne supportait pas sa voix molle qui durcissait en une seconde quand il était énervé. Ni sa bouille trop ronde de tueur en série dans laquelle ses beaux yeux verts semblaient avoir été pris – volés ! – à quelqu'un d'autre, une de ses victimes probablement. A côté de lui, Stella semblait confite en admiration, en adoration. Elle avait à peine touché à la paella de Maria qu'au contraire Anémone enfournait sans vergogne, ayant même déjà taché son pansement. Justine ne comprenait pas comment sa mère pouvait aimer quelqu'un qui était à ce point l'inverse de Jérémie, même sur le plan physique. *Au niveau politique*, ce n'était pas la peine d'en parler. A cent pour cent homophobe ! Contre Maastricht, l'euro. Le facho de base. Justine sentait qu'il l'avait classée, dès leur première rencontre, dans la catégorie *gouine intello de gauche* et qu'elle avait aussitôt, de ce fait, disparu de l'horizon. Son horizon à lui. Son horizon borné de vedette des casseroles. Pendant l'Occupation, elle en était sûre, il aurait continué de faire la cuisine aux officiers nazis. Elle ne supportait pas de voir Stella frôler Lucien, appuyer son épaule contre la sienne, rire à la moindre de ses remarques ironiques, lui proposer du vin, du sel, du pain, encore de la paella. Sa mère n'avait aucune conscience politique. A part son plaisir, elle se fichait de tout. Ce n'était même pas le plaisir. Le plaisir, encore, Justine aurait respecté. Le plaisir est noble. La chose pour laquelle Stella se prosternait et s'humiliait devant Lucien, c'était l'infâme, le grotesque, l'infect *bonheur*. Stella voulait être heureuse et elle avait la bêtise de croire qu'elle le serait avec Lucien.

– Maria a fait trop de paella, dit Anémone, déjà prête à mettre sa goinfrerie sur le dos de la cuisinière.

– Elle croyait que Martine et Olivier dîneraient avec nous, dit Stella.

Elle demanda ensuite à Lucien ce qu'il pensait du plat. Il sourit et dit que la paella n'est pas un *plat*.

– Qu'est-ce que c'est, alors ? demanda Justine.

Stella regarda sa fille avec un commencement de panique. Elle connaissait l'hostilité que, depuis le début de sa relation avec Lucien, Justine nourrissait envers le cuisinier. « Tu le méprises, disait-elle à sa fille, parce que ce n'est pas un intellectuel comme ton père et tes amis. » Justine répliquait que c'était dégueulasse de dire ça, surtout à elle qui avait milité à Lutte ouvrière pendant un an et demi. Elle avait quitté l'organisation quand Arlette Laguillier n'avait pas appelé à voter Chirac au second tour de l'élection présidentielle de 2002.

– Un plat obéit à des lois, dit Lucien, mais chaque cuisinier prépare la paella à sa façon. C'est un fourre-tout. Comme la pizza.

– Un siècle que je n'ai pas mangé une bonne pizza ! soupira Anémone.

– Pour ça, dit Lucien sur un ton péremptoire, un seul moyen : aller en Italie. Ou que je t'en prépare une !

Anémone et Stella rirent. Justine ne voyait pas ce qu'il y avait de drôle. Elle n'en pouvait plus de ces propos de table qui semblaient enchanter sa mère et Anémone. Elle se leva et dit que Bimbo et elle avaient un rendez-vous en ville. Bimbo la regarda sans comprendre, puis comprit qu'elle avait hâte de quitter la pièce et se leva à son tour. Justine dit qu'elle prenait la Golf.

– Et si on veut sortir, nous ? se plaignit Stella. Lucien aura peut-être envie de voir l'île *by night*.

Le cuistot fit non de la tête.

– Ça peut attendre, dit-il.

Stella conclut qu'il resterait à *Don Quichotte* bien plus longtemps qu'il ne l'avait dit, et son visage s'empourpra de contentement, spectacle qui écœura et consterna sa fille. Celle-ci prit la main de Bimbo et ils sortirent. Restés à table, Lucien, Stella et Anémone s'entre-regardèrent. Ils se sentaient vieux, surtout Anémone, à cause de son pansement et des trois ou quatre kilos qu'elle avait pris en quelques jours. Stella demanda à Lucien s'il voulait du fromage.

– Qu'est-ce que tu entends par fromage ?

– Celui de l'île. Il y a du camembert chez le traiteur international, mais je n'ai pas eu le temps d'en acheter. On ira demain.

– Je n'ai plus faim.

– Un petit café ?

– Non. Pourquoi dit-on toujours *un petit café*, et pas simplement *un café* ?

La question s'adressait surtout à Anémone qui leva les yeux au ciel, mais ça se vit à peine, à cause du pansement. Stella dit qu'elle allait dans sa chambre, car elle était fatiguée. Anémone et Lucien la laissèrent quitter la cuisine sans réagir. La restauratrice se dit que Stella essayait de se faire désirer et le cuisinier ne se dit rien du tout. Stella pouvait aller et venir à sa guise dans toute la maison, ça ne lui faisait ni chaud ni froid.

– Tu n'aurais pas un peu maigri ? demanda Lucien à Anémone.

– C'est le contraire : je deviens énorme.

– Pas étonnant, avec ce que tu bouffes.

– Tu viens de dire que j'avais maigri !

– En te regardant mieux, je m'aperçois que non. Ce pansement, tu vas le porter longtemps ?

– Jusqu'à ce que j'aie mon nouveau nez.

– C'est à ce point-là ?

– Stella ne m'a pas ratée !

Anémone se leva et ouvrit la porte de la cuisine pour vérifier qu'il n'y avait personne derrière, puis elle la referma et revint s'asseoir.

– Elle écoute aux portes ? demanda Lucien.

– Qui sait ? Alors ?

– Alors quoi ?

– Ça se passe comment, entre vous ?

– Ça va. Elle n'est pas trop collante.

– Cette nuit, ça changera peut-être.

– Elle ne va tout de même pas se pointer dans ma chambre !

– Et pourquoi pas ? Elle t'a payé ton billet, mon vieux. Elle espère que tu la rembourseras en nature.

– Tu plaisantes ?

– Pas tant que ça. En fait, je n'en sais rien. Et puis, ça m'est égal. Vous faites ce que vous voulez, tous les deux. Vous êtes libres. Majeurs et vaccinés. Tu es sûr : pas de « petit » café ?

Lucien dit qu'à la réflexion il en voulait bien un. La préparation du « petit café » lui ouvrait la perspective d'un de ces longs tête-à-tête avec

Anémone comme il aimait tant en avoir à *L'Arête*, après le départ du dernier client. Anémone était la seule personne à qui il se confiait, ouvrait son cœur. La restauratrice en savait dix fois plus long sur lui que sa propre épouse, Daphné. Il avait pris l'habitude de lui parler et se rendait compte que, s'il avait accepté de venir dans l'île, c'était en partie pour recommencer à le faire, après deux semaines d'interruption. Il comprenait qu'Anémone lui était devenue indispensable, ce qui le rendait, assis seul à la table ronde encombrée des vestiges de l'énorme paella préparée par Maria, tout pensif.

17

– Je peux ?

Elle avait frappé à la porte, glissé sa tête blonde dans l'embrasure. Couché nu sur le lit, il hocha la tête. Anémone avait raison : il allait passer à la casserole. Anémone avait toujours raison. Passer à la casserole : l'expression le fit sourire, appliquée à un cuisinier. Stella dit en souriant :

– Vous êtes restés longtemps dans la cuisine, Anémone et toi.

– On aime bien les cuisines. C'est notre monde.

– Vous avez parlé de moi ?

– Bien sûr.

– Vous avez dit quoi ?

– Des tas de trucs gentils.

– Ça m'étonnerait : Anémone ne décolère pas contre moi à cause de son nez. Ce n'est pourtant pas ma faute si elle n'avait pas attaché sa ceinture.

Stella tournait en rond dans la chambre. Lucien sentait qu'elle n'osait pas s'asseoir sur le lit mais ne voulait pas non plus s'asseoir sur la chaise, trop loin du lit à son goût. Elle attendait du cuisinier un signe que celui-ci était bien décidé à ne pas lui faire. Cette incursion nocturne lui déplaisait et il s'était juré de la faire payer au prix fort à la milliardaire.

– Ne crois pas ça : elle est *cool*, pour son nez. Elle s'en fera faire un autre, voilà tout.

– Tu as vu comme elle a grossi ?

– Ça lui va bien, je trouve.

– Ça te gêne si je fume dans ta chambre ?

– Pourquoi ça me gênerait ? En fait, oui, ça me gêne.

– Tu m'excuseras : j'en ai trop envie.

Elle alluma une cigarette. Salope de proprio, pensa-t-il. Elle lui faisait bien sentir qu'elle était chez elle. Qu'elle imposait sa loi. Elle toussa, ce dont il se réjouit *in petto*.

– Tu as vu un médecin ? demanda-t-il d'une voix suave.

– Non. Je devrais ?

– Je n'aime pas cette toux.

– Il faudrait que j'arrête de fumer, mais je ne peux pas.

– Tu avais arrêté, non ?

– Oui. Au début qu'on se connaissait. Pendant neuf jours.

– J'avais l'impression que c'était plus long.

– Moi, ça m'a paru long.

Lucien montra du doigt la cigarette de Stella.
– Tu vas laisser tomber ta cendre par terre.
– La femme de ménage balaiera demain.
– Je risque de marcher dessus pendant la nuit.
– Tu es somnambule ?
– Il m'arrive de me lever pour aller pisser.
– Problème de prostate ?

Elle rit dans le but évident d'encourager son rire à lui. Jamais il n'aurait dû lui dire qu'il aimait son humour. C'était vrai qu'elle l'amusait, mais c'était le plus souvent sans le savoir. En plus, là, Stella n'était pas drôle du tout, car il avait effectivement des soucis avec sa prostate.

– Non, mais je commence à avoir un problème de sommeil.
– Je peux m'allonger un moment à côté de toi ?
– Pour quoi faire ?
– Rien, je te promets.
– On dit ça.
– Je veux juste m'allonger à côté de toi. J'en ai besoin. Sinon, je ne pourrai pas dormir de la nuit. Je suis tellement heureuse que tu sois là et en même temps tellement désespérée que notre histoire soit terminée.

Elle-même disait que leur histoire était terminée, ce qui le rassura. Il se déporta sur le côté du lit et elle se coucha sur le drap. Heureusement qu'elle était habillée, sinon elle se serait couchée *sous* le drap. Elle lui demanda si elle pouvait poser la tête sur son épaule. Il dit que oui. Quand il vit son petit visage d'enfant blotti contre lui, il repensa aux nuits de Dubaï et de Singapour. Peut-être Stella y pensait-elle aussi, car elle se mit à pleurer.

– Je te demande pardon, dit-elle.

– Mais non, c'est moi. Je n'aurais pas dû venir. Je me suis fait avoir par Anémone.

– On se fait tous avoir par Anémone.

Elle embrassa Lucien dans le cou.

– Non, Stella.

Elle glissa une main sous le drap. Le sexe du cuisinier était tout recroquevillé. A Lucien lui-même il parut plus petit que d'habitude et avoir une température bien inférieure à celle du reste de son corps.

– Stella !

– Tu n'as pas envie ?

– Tu vois bien que non.

– Moi, j'ai envie.

Lucien pensa que, s'il avait été une fille, il se serait laissé faire. Il se demanda combien de filles, parmi toutes celles avec qui il avait couché, s'étaient laissé faire.

– Je suis désolé, dit-il.

– Mais non, ce n'est pas ça qui compte. Ça me fait tellement plaisir que tu sois là. Tu ne peux pas imaginer. Et ça, c'est quand même grâce à Anémone.

– Elle a ses bons côtés.

– Parfois, je suis méchante avec elle. Je suis jalouse de son esprit. Elle m'envie mon argent. De vieilles copines. De trop vieilles copines. Tu crois qu'elle et moi on devrait rompre ?

– Non.

– Si on rompait, tu serais de son côté ou du mien ?

– Du sien.

– Alors, je serais débarrassée de vous deux d'un seul coup ! Je vais y réfléchir.

Elle se leva d'un bond et sortit de la chambre sans dire bonne nuit à Lucien. Il s'en moquait éperdument. Il éteignit, ferma les yeux et s'endormit.

18

– Tu ne vas pas te baigner avec ton pansement !

– Et pourquoi non ? Ça fait trois jours que je n'ai pas fait mes longueurs. Après toute la paella que j'ai avalée hier soir, il faut que j'élimine.

– Tu ne peux pas faire ça ! Déjà ton pansement est dégoûtant, tu vas mettre de l'eau dessus. Ce sera ignoble !

– Écoute, tant pis. Le pansement, j'irai le faire changer demain ou après-demain. En plus, il faut que je voie Olivier. Il avait l'air bizarre, quand j'ai quitté l'hôpital.

Anémone descendit avec précaution la petite échelle de la piscine, sous le regard dubitatif de Lucien. Stella n'était pas encore sortie de sa chambre. Elle n'avait pas paru au petit déjeuner. Le cuisinier se dit qu'elle était peut-être fâchée contre eux. Ça lui était indifférent, sauf que – comme l'avait prévu Anémone – la maison lui plaisait bien et qu'il avait en définitive envie de rester plusieurs jours. Ce matin, il avait appelé Daphné aux Sables-d'Olonne pour lui dire qu'il se trouvait à Londres avec Anémone. Il avait ensuite passé le portable à la restauratrice qui s'était lancée dans une description éblouissante de Londres en été, et surtout de l'emplacement où Lucien et elle projetaient d'installer *L'Arête* « anglaise ». Bien sûr, ç'avait été le moment que Maria avait choisi pour avoir une conversation en espagnol avec la femme de ménage. Daphné avait demandé ce qui se passait, et Anémone avait dû expliquer qu'ils recrutaient des serveurs pour leur nouveau restaurant, et qu'il y avait beaucoup de Philippins et Philippines parmi les candidats.

A la fin de la première longueur, Anémone fit une pause. Elle dit à Lucien qu'elle souffrait du manque d'entraînement et surtout de l'effort à produire pour maintenir la tête hors de l'eau.

– N'insiste pas, lui dit Lucien.

– Attends, je récupère.

– C'est de l'inconscience. En plus, je ne suis pas sûr que ce soit bon pour toi de te baigner dans l'eau froide après le choc que tu as subi.

– Tu crois ?

– Mais oui. Appelle au moins le médecin pour lui demander.

– Ce médecin m'agace. Il ne s'intéressait pas du

tout à moi. Il a passé son temps avec Martine. Allez, on s'y remet !

Elle recommença à nager, la nuque raide, la bouche en cul-de-poule pour mieux inspirer et expirer. Au bout de quelques brasses, elle secoua la tête et dit qu'elle n'en pouvait plus. Elle couvrit le reste de la distance à pied : c'était la partie de la piscine où l'on a pied. Sa respiration faisait un bruit de forge. Quand elle apparut en maillot de bain mouillé, Lucien la trouva presque obèse. Si ça continuait comme ça, elle aurait du mal à rentrer dans ses affaires du début de l'été, il faudrait qu'elle en achète d'autres. Il se demanda dans quelles boutiques elle trouverait sa nouvelle taille, car dans l'île on ne croisait que des top-models ou des lolitas longilignes.

– Il y a quatre jours, soupira Anémone, je faisais vingt et une longueurs. Là, je n'arrive même pas à deux. Quelle dégringolade ! Et puis cette faim, là, cette faim que j'ai en permanence. J'en ai mal au cœur. Tu ne vas pas me croire, mais depuis une heure, tu sais à quoi je pense ? A la paella d'hier.

– Il en reste ?

– Une bonne assiette, facile.

– Je croyais que tu l'avais terminée.

– Non. Elle était bonne, hein ?

– Boaf, oui. Maria nous prépare quoi, aujourd'hui ?

– Je ne sais pas, dit Anémone. Je vais voir !

Elle se releva avec un élan bien éloigné de la lourdeur avec laquelle elle était sortie de l'eau. Lucien se demanda si elle allait finir la paella. Sans doute que oui. Comme tous les plats vulgaires – pot-au-feu, pizza, petit salé aux lentilles –, la paella est meilleure froide.

Dans l'escalier, Anémone croisa Justine. La fille de Stella était en maillot de bain une pièce, un pagne ceint autour des fesses. Lucien ne comprenait pas pourquoi, dès le premier jour où il l'avait vue, elle lui avait fait la tête. Peut-être était-elle jalouse de lui à cause de sa mère. Ou bien c'était sa renommée internationale de grand chef qui l'intimidait. Elle était pourtant habituée aux gens célèbres, avec son père l'avocat. Jérémie n'aimait pas beaucoup Lucien, lui non plus. Personne ne l'aimait, dans cette famille. Il se demandait pourquoi. Il avait quitté Stella, et alors ? C'était interdit de quitter les gens ?

– Comment ça va, Justine ?

Elle ne répondit pas. Il se dit qu'elle n'avait peut-être pas entendu. Elle avait déployé sa serviette de bain sur le transat le plus éloigné de celui où se trouvait Lucien, mais ça ne faisait pas une si longue distance. Il répéta :

– Comment ça va, Justine ?

Elle laissa passer quelques secondes avant de dire, sans le regarder :

– Bien, je vous remercie.

Puis, elle marcha jusqu'à la piscine et plongea. Ses jambes étaient parfaites. Les jambes de son père, comme Stella l'avait si souvent répété à Lucien. Justine fit trois longueurs et sortit de l'eau. Lucien la regardait en souriant avec affabilité. Elle s'allongea sur son transat et ferma les yeux. Il chercha quelque chose à lui dire, mais il sentait bien qu'elle n'avait aucune envie de lui parler. Pour elle, de toute façon, il était un vieux monsieur, bien qu'il eût trois ans de moins que sa mère. Il vit avec soulagement Anémone sortir de la maison et monter vers la piscine. Elle dit qu'il y avait des tomates farcies pour le déjeuner.

– Farcies avec quoi ? s'enquit Lucien.

Anémone dit qu'elle n'avait pas demandé. Elle avait vu Stella qui lui avait paru d'excellente humeur. La milliardaire avait prévu de descendre en ville pour faire quelques achats.

– Elle va te demander de l'accompagner.

– Non, je suis trop bien ici.

– Sois gentil, vas-y.

– Pourquoi ?

– Ça lui fera plaisir. Il faut que tu lui fasses un peu plaisir. Mais, un conseil : attache ta ceinture de sécurité.

Ils se regardèrent et rirent. Le pansement d'Anémone était un peu plus taché que tout à l'heure. La preuve que la restauratrice avait bien profité de son court séjour dans la cuisine pour finir la paella de la veille, se dit Lucien.

19

Elle avait dit au cuisinier, en montant dans l'auto, qu'elle avait décidé d'arrêter de fumer au volant.

– Pas mal, non ? demanda-t-elle.

– Prudent, du moins.

Il avait attaché sa ceinture. Maintenant ils roulaient dans la campagne. L'air était brûlant. Ils se dirigeaient plein sud. Le soleil éblouissait Lucien. Stella dit qu'elle lui achèterait des lunettes de soleil. De quoi d'autre avait-il besoin ? De tout, dit-il. Elle se souvint qu'il ne s'était pas changé depuis la veille et lui demanda comment il faisait pour le supporter. Elle, il fallait qu'elle se change tous les jours, et même deux fois par jour.

– Dans la restauration, dit Lucien, ce n'est pas pareil : on est sale.

Stella rit et prit la main de Lucien.

– Je suis bien avec toi, dit-elle. Trop bien. C'est avec toi que je dois être.

Elle lâcha sa main avant, pensa-t-elle, qu'il ne la retire.

– Qu'est-ce que j'ai envie de fumer ! dit-elle.

– On ne doit plus être loin.

– Non, on arrive. Elle te plaît, mon île ?

– Beaucoup.

– C'est là que j'aimerais vivre avec toi, toujours.

– Pour ça, il faudrait qu'on soit ensemble.

– On est ensemble. Personne n'a jamais été plus ensemble que nous deux. On est liés, je le sais. Rien ne pourra nous séparer.

– Nous sommes séparés.

– Non. Tu sais bien que non. Tu le sens. Tu ne le sens pas ?

Stella comprenait qu'elle accumulait les erreurs, mais elle ne pouvait s'arrêter. Il aurait fallu qu'Anémone soit là. Avec elle, tout se passait mieux. Même Lucien était de meilleure humeur. Plus réceptif. Ils auraient passé un bon moment, tous les trois, au marché. Lucien aimait les bons moments. Ça le détendait. Il subissait une telle pression, à *L'Arête*.

– Non, Stella, je ne le sens pas. Mais je suis heureux d'être venu et je compte rester plus longtemps que prévu.

Elle sourit et lui reprit la main, qu'elle ne lâcha pas. Ce fut donc lui, ce coup-ci, qui la retira. Ils se regardèrent avec tendresse comme pour se faire pardonner, elle son insistance, lui sa retenue.

– Il faudra aussi qu'on aille au nord, dit Stella. Il y a des plages superbes.

– Je ne suis pas trop plage.

Elle sourit. Elle non plus, elle n'était « pas trop plage ». Ils étaient faits l'un pour l'autre. Il fallait que ça marche entre eux deux. Elle serait trop malheureuse, si ça ne marchait pas. Elle en mourrait. Les milliards de sa mère, elle s'en contrefichait. Ce qu'elle voulait, c'était l'amour. Et le bonheur. *Rien de plus.*

– Tu n'as pas peur que Daphné finisse par se douter de quelque chose ?

La phrase qu'il ne fallait pas dire. Parler à Lucien de sa femme au moment où naissait entre Stella et lui une complicité comme ils n'en avaient connu qu'à Singapour ou à Dubaï ! Elle se mordit la lèvre inférieure, puis la lèvre supérieure. Elle ne savait comment réparer sa bourde. Anémone aurait su, si elle avait été là. Pourquoi n'était-elle pas là ? Parce que Stella ne lui avait pas demandé de venir. Elle avait eu tort.

– Anémone gère le dossier Daphné, dit enfin Lucien en regardant de l'autre côté de la route.

– Alors, on n'a aucun souci à se faire.

– Aucun !

Il lui prit la main. Elle se dit qu'elle rêvait. Si

Lucien lui prenait la main quelques secondes après avoir prononcé le nom de son épouse, c'était la preuve qu'il l'aimait, elle, Stella, et qu'il resterait avec elle. Ses yeux se brouillèrent du fait de l'émotion. Elle ne vit pas un scooter rouge qui arrivait sur sa droite, à un croisement. Au dernier moment elle donna un coup de volant à gauche et percuta le trottoir. Le scooter, dont Stella et Lucien avaient entendu les freins hurler, glissa sur la chaussée. Lucien défit sa ceinture et descendit. Stella restait pétrifiée au volant. Le conducteur du scooter était un jeune Majorquin qui, par bonheur, n'était pas jambes nues, sinon il n'aurait plus eu de genoux. Il portait un pantalon de cuir grâce auquel il était intact, à la différence, bien sûr, dudit pantalon. Lucien lui demanda combien coûtait le vêtement et lui donna le double de la somme en dollars afin d'épargner un nouveau constat à Stella. A ce rythme, les autorités de l'île finiraient par retirer son permis à la milliardaire ! Le garçon empocha l'argent, remonta sur son scooter et disparut. Lucien revint vers la voiture. Il ouvrit la portière du côté de Stella.

– Je vais prendre le volant, dit-il. Je crois que c'est mieux.

– Tu as raison, c'est mieux.

Elle lui céda la place, fit le tour de la Golf et s'installa sur le siège du passager, telle une épouse.

20

– Alors, ces tomates farcies ? demanda Anémone, la bouche pleine.

– Du bon travail d'amateur, dit Lucien, s'essuyant les lèvres avec une serviette en papier.

– Si vous cessiez cinq minutes d'être aussi condescendant, proposa Justine d'une voix sifflante de haine.

– Justine ! cria Stella.

Ils s'étaient installés pour déjeuner sous la tonnelle. Lucien tapota la main de Stella, l'air de dire que ça n'était rien, que l'agressivité de Justine était pour lui quelque chose de gérable, que tout était sous contrôle. La milliardaire poussa un soupir. Lucien l'avait encore *touchée*. Depuis l'accident, il n'avait pas arrêté de poser la main sur elle. Au marché, il lui avait pris le bras, la nuque. La taille, aussi. Il avait seulement refusé qu'elle entre avec lui dans la cabine quand il avait essayé un slip de bain et un short.

– Justine a raison, dit Lucien. Dans le domaine de la cuisine, j'ai tendance à me montrer péremptoire. C'est bien de me le faire remarquer. Merci, Justine.

– *You're welcome*, dit la jeune fille.

Lucien ne parlait pas l'anglais mais le comprenait assez pour savoir que *welcome* signifiait « bienvenue ».

– C'est gentil de me souhaiter la bienvenue, dit-il.

– *You're welcome* ne veut pas dire « bienvenue », rectifia Justine, mais « il n'y a pas de quoi ». Ça ne vous gêne pas, dans votre profession, de ne pas parler l'anglais ?

Lucien sourit et dit que oui, ça le gênait. Puis il s'excusa auprès de Stella et Anémone, se leva et rentra dans la maison. La milliardaire dit à sa fille :

– Justine, je te préviens : je ne supporterai pas ça.

– Quoi, ça ?

– Cette grossièreté envers l'homme que j'aime.

– L'homme que tu aimes ? Il se fout de toi !

– Je t'interdis de lui parler comme ça, de me parler comme ça. Si tu ne changes pas d'attitude, tu quittes cette maison et tu vas finir tes vacances ailleurs, où tu veux. Bimbo, vous, vous pouvez rester : je n'ai rien à vous reprocher.

Le jeune homme baissa la tête, rendant son visage encore plus inexpressif que d'habitude.

– Tu me chasserais de chez moi pour ce type ? glapit Justine en direction de sa mère.

– Ce n'est pas un type. C'est Lucien !

– Qui c'est, Lucien ?

– L'un des plus grands cuisiniers européens.

Anémone, levant le nez – ce qui lui en restait – de sa deuxième assiette de tomates farcies – elle trouvait Lucien injuste, c'était mieux, selon elle, qu'un *bon travail d'amateur* –, approuva de la tête.

– Tu vas lui présenter tes excuses, dit Stella à sa fille.

– Des excuses ? Pour lui avoir demandé si ça ne le gênait pas de ne pas parler anglais ? Tu te moques de moi !

– Pas du tout. Je vis en ce moment des journées importantes pour moi, pour mon avenir...

– Ton avenir ?

– Oui, parce que j'en ai un. Je n'ai pas encore cinquante ans ! Parfois, je me demande pour qui tu me prends. Une octogénaire ?

– Ton avenir avec Lucien ?

– Oui.

– Vous allez vous marier ?

– Peut-être. Tu es contre ?

– Oui.

– Pourquoi ?

– Parce qu'il ne t'aime pas !

Anémone avala le bout de pain avec lequel elle avait saucé son assiette, but une longue gorgée de vin blanc – le vin blanc frais, sec, vert de l'île, qu'il fallait boire très froid, presque glacé – et dit qu'elle ne serait pas aussi catégorique que Justine sur les sentiments de Lucien envers Stella. Elle pensait que le cuisinier aimait son amie, mais qu'il ne le savait pas encore.

– *Bullshit !* lança Justine, ce qui froissa un peu la restauratrice.

– Moi, dit Stella, je pense qu'il le sait, mais qu'il refuse de l'admettre.

– C'est un peu pareil, fit Anémone. C'est quoi, le dessert ?

– Il est devant toi : des fruits.

– Maria ne préparait pas un gâteau, ce matin ?

– Il est pour ce soir.

– Ah bon.

Justine se leva. Sa mère lui demanda où elle allait.

– A la piscine.

– Tu n'oublies pas quelque chose ?

– Il faut que je paie l'addition ?

– Non. Tu présentes tes excuses à Lucien et vous faites la paix.

– Maman, il est sûrement dans sa chambre. Je ne vais pas présenter mes excuses à Lucien *dans sa chambre*.

– Pourquoi ? Tu ne t'intéresses guère aux hommes, que je sache !

Les yeux de Justine devinrent ronds et son visage perdit toute couleur. Chacun sentit – c'était presque un bruit, comme un craquement de doigts ou un froissement de papier – que quelque chose se brisait en elle. Tout, peut-être. Elle voulut parler, mais n'y arriva pas. Elle pleurait, ses lèvres tremblaient. Elle quitta la table et entra dans la maison en courant, comme une petite fille humiliée allant cacher son chagrin.

– Tu as exagéré, dit Anémone.

– Toi, tu arrêtes avec les bananes ! s'exclama Stella. C'est ta troisième !

– Tu es d'une humeur...

Stella reprit, songeant à Justine :

– Elle m'embête, aussi. Elle a tout fait pour que ça rate entre Lucien et moi, depuis le premier jour. Avec Patrick, c'était pareil, mais elle était plus jeune, elle avait moins de poids. Maintenant, je ne veux plus me laisser faire. J'ai le droit de vivre ! Personne ne m'en empêchera, même pas elle !

21

Quand on frappa à la porte, il dormait. Il avait eu trop chaud sous la tonnelle. Pas fameux, le vin de l'île. Le cuisinier n'était plus habitué aux mauvais vins. L'hostilité manifeste de Justine à son encontre n'avait été pour lui qu'un prétexte à quitter la table. Il en avait assez de voir Anémone se goinfrer et il avait trop entendu la voix de Stella pour aujourd'hui. Il se faisait également du souci pour le restaurant. Et puis, Daphné lui manquait. Il se demandait pourquoi cette femme qui l'ennuyait, lui manquait. Est-ce la définition de l'amour ? S'il aimait Daphné, que faisait-il dans l'île avec Stella ? Il se dit qu'après la sieste il prendrait une décision, mais il était sûr de repartir pour Paris dès le lendemain matin. C'était ça qu'il y avait de bien avec le billet *open* offert par Stella : il se sentait libre.

– Entrez !

Dans son demi-sommeil, il imagina que Justine lui rendait visite. Il la déshabillerait et lui ferait l'amour. En tant qu'homosexuelle, elle était sans doute vierge. Il y aurait une tache de sang sur le drap. Il faudrait la cacher à Stella. Comment ? Il achèterait la complicité de la femme de ménage. Quel était le prénom de la femme de ménage ? Il avait l'impression que, dans la maison, personne ne le connaissait. Sauf probablement Maria.

– Tu dormais ? demanda Stella.

– Oui, mais ce n'est pas grave.

Elle referma la porte derrière elle.

– Cette gamine est insupportable.

– Justine ? Ce n'est plus une gamine, c'est une femme, et fort jolie.

– Tu n'as aucune chance avec elle.

– J'ai vu.

Stella s'assit sur le lit et embrassa Lucien sur la bouche. Au bout de quelques secondes, il détourna les lèvres avec douceur. La milliardaire enfouit son visage dans le cou du cuisinier. Elle commença à déboutonner la chemisette qu'elle lui avait offerte le matin même. Il prit sa main.

– Arrête, dit-il.

– Tu n'as toujours pas envie ?

– Non. C'est trop tôt.

– Ça veut dire quoi, trop tôt ?

– Ça veut dire trop tôt.

– Quand est-ce que ça ne sera plus trop tôt ?

– Je ne sais pas. Demain après-midi. Demain soir. Peut-être jamais.

– Demain soir, dernière limite. Je n'en peux plus.

– D'accord : demain soir.

Lucien pensa que, le lendemain soir, il serait à Paris, dans la cuisine de *L'Arête*, et qu'il appellerait Daphné, Athena et Sidney sur son portable.

– Je ne peux pas te faire une petite pipe ?

– Écoute, Stella, non.

– C'est ton short kaki, ça m'excite, ça fait colon.

– Ça t'excite, les colons ? Je croyais que tu étais de gauche.

– Les fantasmes, ce n'est ni de droite ni de gauche. Si je ne peux pas te sucer, je peux fumer ?

– Évidemment.

Il y eut du bruit dans le couloir. On frappa à la porte. Lucien sut que c'était Justine. Il ressentait toujours fortement sa présence, même à travers une porte.

– Entrez ! dit-il.

Justine portait un de ces ensembles en jean qui étaient à la mode vingt ans plus tôt et qui le sont redevenus. Elle avait tiré ses cheveux en arrière et son beau visage juvénile apparaissait dans toute sa pureté, toute son élégance.

– Désolée de vous déranger, Lucien, mais il fallait que je dise au revoir à maman. Au revoir, maman.

La jeune fille referma aussitôt la porte. Stella sortit dans le couloir, suivie de Lucien. Son gros sac en bandoulière, Justine marchait vers la cuisine.

– Justine ! cria Stella.

Sa fille ne s'arrêta pas, ne se retourna pas. Elle atteignait le seuil de la maison quand Stella, l'ayant rattrapée, lui prit le bras.

– Je pense que j'ai le droit de savoir ce qui est en train de se passer, dit-elle avec une froideur réfléchie, mesurée.

Dans la cuisine, on entendait Anémone bavarder avec Maria. Ce n'était pas le genre de la restauratrice, de s'attarder avec le personnel. Sans doute en profitait-elle, pensa Lucien, pour pignocher ici et là dans les tomates farcies froides. La boulimie d'Anémone prenait des proportions inquiétantes. Le nez cassé n'expliquait pas tout. Il faudrait que Lucien et elle en parlent sérieusement. Peut-être même devrait-elle voir un médecin. Si ça continuait comme ça, ou encore si ça s'aggravait, quand ils seraient rentrés à Paris, ça poserait un problème. Les restauratrices obèses, c'était passé de mode. La nouvelle apparence physique d'Anémone ne pourrait que nuire à la réputation de *L'Arête*.

– Tu m'as dit, maman, que j'avais le choix entre m'excuser auprès de ton amant Lucien ou bien quitter la maison. J'ai choisi : je quitte la maison.

– Vous excuser de quoi ? fit Lucien, interloqué.

Et puis, je ne suis plus l'amant de votre mère. Je refuse d'être cause d'un drame familial. Si quelqu'un doit partir, c'est moi. Je fais mes bagages tout de suite. Ça va aller vite : je n'en ai pas.

– Non ! dit Justine. Vous restez, je pars !

– Partez si vous voulez – moi, je ne reste pas !

– Pourquoi ne restes-tu pas ? demanda Stella à Lucien.

– Ce serait insupportable pour moi d'être la cause d'une rupture entre une mère et sa fille. Si je restais à *Don Quichotte*, j'aurais l'impression d'avoir chassé Justine. D'avoir pris sa place. Si elle part, je pars aussi !

Alertée par les éclats de voix, Anémone était sortie de la cuisine. Elle s'essuyait les mains avec un torchon. A-t-elle mangé les dernières tomates farcies *avec les doigts* ? se demanda Lucien.

Affolée, Stella regardait alternativement Justine et Lucien. Elle essayait de faire le point sur la situation, mais celle-ci était devenue trop embrouillée pour elle. Elle jeta en direction d'Anémone un regard suppliant. Il fallait que l'autre la sorte de là. Toute seule, elle n'y arriverait pas, perdrait et sa fille et son amour !

– Justine a raison, dit Anémone. Elle n'a pas à s'excuser pour ce qu'elle a dit à Lucien. Ce n'était pas si méchant.

– Pas du tout méchant, dit Lucien. Mon anglais est nul, et mon allemand est pire.

– Justine n'ayant pas à s'excuser, conclut Anémone, elle n'a plus à partir.

Après un bref regard circulaire, la jeune fille retourna dans sa chambre. Stella prit Anémone dans ses bras et se serra fort contre elle. Lucien dit qu'il allait se baigner. Stella dit qu'elle l'accompagnait. Ils gravirent côte à côte l'escalier de pierre en se tenant la main.

22

Vers quatre heures de l'après-midi, Anémone proposa à Stella de descendre en ville pour voir Martine à l'hôpital et discuter avec Olivier. Ça lui paraissait « diplomatique ». Stella demanda à Lucien s'il voulait les accompagner.

– Ce n'est pas une bonne idée, dit Anémone. Lucien est ici pour se reposer : il en a besoin.

– Qui va conduire ? demanda Stella.

– Toi, dit Anémone.

– Ah non, pas moi ! J'ai déjà eu deux accidents cette semaine, ça suffit ! Je ne touche plus à un volant. Je ne sais pas ce que j'ai. Il faudrait peut-être que quelqu'un me baise.

– Qui ? fit Lucien.

Stella lui donna un coup de coude dans les côtes. Anémone montra du menton Bimbo : immobile sur sa serviette – l'étudiant n'utilisait pas les transats, les jugeant « trop mous » –, il semblait dormir.

– Il a son permis ? demanda la restauratrice.

– Je n'en sais rien, dit Stella. Pose-lui la question.

– Bimbo, avez-vous votre permis ?

Le jeune homme ouvrit les yeux et se dressa sur les coudes. Il était parfaitement hâlé : sur la poitrine et le ventre, dans le dos et même sous les bras. Un hâle pareil demandait beaucoup de soin. On avait du reste l'impression que Bimbo ne faisait que ça : bronzer. On ne le voyait jamais avec un livre ou un journal. Il ne parlait pas. Il ne préparait même pas son petit déjeuner.

– Mon permis de conduire ? demanda Bimbo de sa voix légère qui semblait s'effacer à mesure que la phrase se déroulait.

– Oui.

– Bien sûr.

– Ça vous embêterait de nous emmener en ville, Stella et moi ? Avec mon pansement, je ne peux pas conduire, et Stella a peur d'avoir un troisième accident.

Bimbo sourit et se leva. Il ressemblait un peu à Jérémie quand il avait vingt ans. Surtout les yeux. Et les fesses. Stella n'avait pas connu son ex-mari à cet âge-là, mais elle avait vu des photos. Cette ressemblance était-elle une raison suffisante pour que Justine couchât avec Bimbo ? Stella savait que sa fille n'était pas aussi simple.

– Profite de ce que tu es à l'hôpital pour faire

changer ton pansement, dit Lucien à la restauratrice. Il commence à devenir dégueulasse.

– C'est prévu.

Une demi-heure plus tard, alors qu'il somnolait seul au bord de la piscine, se demandant pourquoi toute sa vie il avait fait le vide autour de lui – était-il si désagréable, si mauvais ? –, Lucien vit Justine monter l'escalier. Elle portait un peignoir de bain jaune et, dessous, un maillot noir une pièce qui devait, pensa-t-il, dater du franquisme. Elle plongea dans l'eau. Il avait chaud : il hésita entre utiliser la douche que Stella avait fait installer exprès pour son concubin Patrick au milieu des années 90, et rejoindre Justine dans la piscine. Il se leva au moment où la jeune fille sortait de l'eau ; il décida donc de se baigner. Quand il revint vers son transat, Justine avait disparu. Il s'essuya avec soin, descendit l'escalier, entra dans la maison et frappa à la porte d'une chambre qu'il pensait être celle de la jeune fille. Il n'obtint pas de réponse. Il ouvrit la porte. La première chose qu'il vit fut, posé sur le lit, un gros livre sur Jean-Michel Basquiat. Stella lui avait dit à Dubaï – ou était-ce à Singapour ? – qu'Olivier Florence avait une passion pour le peintre haïtien. C'était probablement la chambre réservée aux Florence. Lucien aperçut même un roman de Sagan – l'auteur préféré de Martine – sur la table de nuit. Il referma la porte et chercha dans la maison la pièce dont il ne soupçonnait pas jusque-là l'existence, la pièce inconnue où dormait Justine. Il la découvrit au sous-sol. Il appela :

– Vous êtes là, Justine ?

Elle ouvrit aussitôt la porte comme si elle avait attendu derrière. Elle portait une courte robe bleue. C'était la première fois qu'il la voyait en robe. Il se demanda si elle l'avait mise pour lui. En son honneur. Il la regarda avec tendresse. Il en avait maté, dans sa vie, des marmitons. C'était la tendresse qui marchait le mieux avec eux.

– Je viens faire la paix, dit-il.

– Il n'y a pas de guerre.

– Si, il y en a une, et je veux qu'elle s'arrête. Quand j'ai aimé votre mère, j'étais avec elle. Maintenant que je ne l'aime plus, je ne suis plus avec elle. Je ne vois pas ce que vous me reprochez : de l'avoir aimée ou de ne plus l'aimer ?

– Ne parlez pas comme ça de ma mère !

Elle lui claqua la porte au nez. Il était un peu vexé.

– Elle était une femme avant d'être votre mère, et en est toujours une !

– C'est ça qu'on appelle un cuistot philosophe ? fit une petite voix derrière la porte.

Fou de rage, il fit irruption dans la chambre. Ce marmiton-là était plus coriace que les autres. Il prit Justine dans ses bras. Elle le gifla. Il essaya de l'embrasser. Elle lui mordit la lèvre. Le portable de la jeune fille sonna. Lucien songea que le téléphone portable est parfois, dans certains milieux privilégiés, un obstacle au viol. Ces filles qui se tiennent l'oreille : en fait, elles se cachent le sexe. Justine décrocha, dit « Ah bon », « tu crois ? », « oui », puis, tendant l'appareil à Lucien, ajouta d'une voix ensorcelante, avec un sourire où brillaient tous les sortilèges de l'Orient :

– C'est maman. Vous voulez lui parler ?

23

Stella s'en était rendu compte dans la voiture : avec tous ces micmacs, ils avaient laissé Lucien et Justine seuls à *Don Quichotte*. Après les incidents du déjeuner, ce n'était pas prudent. Elle espérait qu'ils n'en viendraient pas aux mains. Puis, une idée plus sombre germa dans son esprit. Elle imaginait Justine capable de tout afin d'éloigner sa mère de Lucien, y compris de provoquer sexuellement le cuisinier pour fournir à celle-ci la preuve qu'il n'éprouvait aucun sentiment pour elle, ne fût-ce que de l'amitié ou du respect. Elle regarda la nuque raide et bronzée de Bimbo. Si au moins celui-là s'était bien comporté avec sa fille, s'il l'avait séduite comme on faisait à son époque ou encore à celle de Martine, on n'en serait pas là. Mais ça n'avait pas l'air d'être le cas. Bien sûr, Justine était homosexuelle. Mais elle ne le serait peut-être pas toujours, et peut-être ne l'était-elle pas à cent pour cent. En tout cas, pour prouver à sa mère que le cuistot ne valait pas un clou, Justine, pressentait Stella, était sans doute prête à renoncer à ses inclinations sexuelles au moins pendant une heure ou deux. C'est à cet instant qu'elle décida d'appeler sa fille sur son portable, bien qu'elle sût que Justine ne décrochait jamais l'appareil. La jeune fille écoutait ses messages une fois par jour, avant de se coucher. Et, dans la majorité des cas, ne rappelait pas les gens. Stella fut donc étonnée quand elle entendit la voix, légèrement essoufflée, de sa fille. Elle demanda à Justine si elle avait couru. Elle n'obtint pas de réponse. Ça arrivait souvent avec elle : on lui posait une question et elle n'y répondait pas.

– On sera bientôt à l'hôpital, dit Stella.

– Ah bon.

– J'ai peur que Martine n'ait quelque chose de grave.

– Tu crois ?

– Tu es à la piscine ?

– Oui.

– Lucien est avec toi ?

– Oui, je te le passe.

Pourquoi Justine tenait-elle tellement à lui *passer* Lucien alors que, depuis le mois d'avril, elle faisait l'impossible pour ne pas le lui *passer*, justement ? Et puis jamais, en temps normal, elle ne se serait installée à la piscine assez près de Lucien pour pouvoir lui tendre un téléphone portable.

– Alors ? demanda le cuisinier qui avait la voix essoufflée, lui aussi.

Avaient-ils fait une compétition à la nage ?

– Alors quoi ?

– Martine.

– On ne sait pas, on n'est pas encore arrivés.

– Tu rappelles quand vous savez quelque chose ?

– Oui. Tu es si soucieux que ça du sort de Martine ?

– Je l'aime bien. C'est Olivier que je n'aime pas, et toi non plus tu ne l'aimeras pas quand il aura engagé une procédure contre toi.

Un souffle froid passa dans la poitrine de Stella. Pourquoi Lucien éprouvait-il le besoin de lui faire du mal ? Jamais elle n'aurait dû le laisser seul à la villa avec Justine. Ce n'était pas son idée, de descendre en ville pour voir Martine et Olivier, c'était celle d'Anémone. Dans un but « diplomatique ». Elle, Stella, ne croyait pas à la diplomatie, en tout cas pas avec Olivier. Elle l'avait vu à l'œuvre avec sa sœur. Il avait déchiqueté Rachel. En revanche, elle décida d'en faire, elle, de la diplomatie, avec Lucien – et demanda de sa voix de petite fille :

– Tu penses qu'il va m'attaquer ?

– Ça dépend un peu de l'état dans lequel se trouve Martine, dit Lucien.

– C'est bizarre qu'il ne nous ait encore rien dit à ce sujet.

– Oui, bizarre. Anémone le fera parler. Avec elle, tout le monde parle. Qu'elle n'oublie pas de faire changer son pansement !

– T'inquiète, on descend pour ça aussi.

– Tu veux encore dire quelque chose à ta fille ?

– Non. Ça va bien, tous les deux ?

– Euh, je ne sais pas. Pourquoi ?

– Vous avez des voix bizarres. Vous vous êtes encore disputés ?

– Non.

– Je t'aime, tu sais.

– Je sais.

Soupir d'Anémone. Stella jugea qu'il était temps d'interrompre la communication. Elle se demandait comment ça allait tourner, ce tête-à-tête Justine/Lucien à *Don Quichotte*. Elle n'avait qu'une envie : retourner à la villa. Si elle avait été seule dans la voiture avec Bimbo, elle lui aurait demandé de faire demi-tour. Et tant pis pour la « diplomatie ».

– Ils ne se sont pas entre-tués ? demanda Anémone.

– Non, dit Stella.

– Peut-être font-ils le contraire...

– Le contraire ?

– Oui. Quand des gens se détestent autant, c'est

souvent parce qu'ils ressentent une forte attirance l'un pour l'autre.

– Justine et Lucien, une forte attirance l'un pour l'autre ?

– Pourquoi pas ?

– Parce que Justine aime les femmes !

Ça soulageait Stella, tout à coup, que Justine aimât les femmes. Anémone tourna son gros pansement taché vers le conducteur et demanda :

– Qu'en pensez-vous, Bimbo ?

– De quoi ?

– De la sexualité de Justine.

– On n'aborde pas ce sujet, Justine et moi.

– Pourtant, vous dormez dans le même lit.

– Oui. Et alors ?

– Et alors...

Anémone regarda Stella, sourit, poussa un gros soupir amusé en direction du pare-brise et dit :

– Et alors rien.

24

Elle cria. Cet être obèse, ni homme ni femme, avec un masque multicolore sur le visage, la terrifiait.

– C'est moi, murmura la créature en se penchant sur le lit. C'est Anémone. Tu me reconnais ?

Elle cria encore. La dénommée Anémone – une femme, donc – se redressa.

– Elle ne me reconnaît pas, dit-elle à un petit homme élégant et bronzé, au long visage triste.

Celui-là venait la voir tous les jours. Il s'asseyait à côté du lit. Les premiers jours, il lui posait des questions. Elle avait fini par lui demander de se taire. Maintenant, elle lui demandait aussi de sortir. Peut-être était-ce la raison pour laquelle il était arrivé aujourd'hui en compagnie d'Anémone. Il pensait qu'avec un peu de renfort, ça marcherait mieux. Eh bien non !

Elle ne savait pas qu'elle s'appelait Martine.

C'était le petit homme bronzé qui le lui avait dit et même prouvé en lui montrant ses papiers d'identité. Lui, il s'appelait Olivier, c'était son mari, prétendit-il. Comment avait-elle pu épouser un boudin pareil ? Il était riche. Elle était donc intéressée ? Il lui avait expliqué qu'il était avocat.

– Quelle catastrophe ! dit le monstre à voix basse.

Mais Martine discernait ce que les gens disaient à voix basse. Elle avait l'ouïe fine. Elle se disait qu'avant son accident elle était peut-être musicienne, ou productrice de disques. Le petit homme – Olivier – lui avait assuré que non, qu'elle restait dans leur maison – leur *hôtel particulier* – et qu'elle ne faisait rien, c'est-à-dire en réalité – s'était-il empressé d'ajouter – beaucoup de choses : gestion du personnel (une cuisinière, une bonne, un maître d'hôtel), organisation de leur vie mondaine, achats pour la maison, etc. Martine se demandait si l'autre ne se moquait pas d'elle, ne lui montait pas un bateau. Elle n'avait pourtant pas l'impression d'avoir été, dans cette vie qu'elle avait oubliée, une grande bourgeoise, mais une femme normale aux goûts simples.

– Je ne sais pas quoi faire, dit le petit homme. La laisser ici, la ramener à *Don Quichotte* ou rentrer à Paris.

– Si ça ne va pas mieux ici, dit Anémone, ça ira peut-être mieux à *Don Quichotte*. Mais ne rentre pas à Paris : c'est le milieu de l'été, tous les grands pontes sont en vacances.

– Il faut demander à Stella.

– Elle sera d'accord, je pense...

– Tu penses ?

– Ce qu'elle veut, c'est éviter le procès. Si Martine se réinstalle à *Don Quichotte*, tu auras du mal à poursuivre Stella en justice. A propos, qui la défendra, puisque c'est toi son avocat ?

– Elle n'aura qu'à prendre Jérémie : il est bon.

– Même si tu gagnes ton procès, tu perdras une cliente, ce qui est embêtant, et une amie, ce qui est triste. Et *Don Quichotte* !

– Ce qui serait une catastrophe : j'adore l'endroit. Mais tu as vu ce que cette conne a fait de Martine, et de toi par la même occasion ? A propos, tu le changes quand, ton pansement ? Ça devient ignoble : il y a des taches de bouffe partout. On dirait un Basquiat.

– Tu n'aimes plus Basquiat ? Écoute, j'ai demandé : il n'y a personne pour le changer, ce foutu pansement. Ils sont tous à la plage.

– En plus, tu es énorme. Et ton régime ?

– Je ne sais pas ce qui se passe : j'ai tout le temps faim.

– Modère-toi, ça devient inquiétant.

– Avec la tête que j'ai en ce moment, il n'y a pas un seul type sur terre qui voudrait de moi, alors j'en profite pour manger à ma faim. Ça ne m'arrive pas si souvent !

– Et toi, tu n'as pas pensé à poursuivre Stella ? Étant son avocat comme le tien, je ne te défendrais pas, mais je t'indiquerais quelqu'un.

– Si tu attaques Stella, Olivier, tu ne seras plus mon avocat. Ni celui de Samuel.

– Pourquoi plus celui de Samuel ?

– Parce qu'il a toujours le même avocat que moi.

– C'est stipulé dans votre contrat de mariage ?

– Tu sais bien que non : tu as rédigé notre contrat de mariage. Samuel a toujours le même avocat que moi parce que c'est moi qui paie l'avocat, comme le reste. Et donc, c'est moi qui choisis.

– Comme le reste.

– Bon, on appelle Stella ? Peut-être que Martine la reconnaîtra, elle. Elle l'aimait beaucoup.

– L'aime beaucoup : elle est amnésique, pas morte.

Les deux visages se tournèrent vers ladite Martine qui était choquée, et même un peu furieuse – elle se dit qu'elle devait avoir un foutu caractère : tout ou presque la mettait en pétard depuis qu'elle avait repris connaissance dans cet hôpital espagnol – qu'ils discutent comme si elle n'était pas là. Elle avait oublié sa vie, mais elle n'avait pas oublié le sens des mots. Elle trouvait qu'Anémone était une manipulatrice, et Olivier un salaud. Comment avait-elle pu être l'amie de l'une et l'épouse de l'autre ? Était-elle aussi mauvaise qu'eux ?

Anémone sortit de la chambre et revint aussitôt avec une femme mince, ridée pour son âge – mais quel était son âge ? –, aux cheveux blond cendré et aux yeux bleus. Elle portait sur elle une odeur de tabac qui déplut à Martine. La nouvelle venue commença par se jeter dans les bras d'Olivier, qui lui tapota l'épaule. Il levait vers Anémone des regards significatifs, voulant montrer par là qu'il n'était pas dupe de cette tendresse soudaine de Stella.

– Pardon, fit la femme blonde d'une voix douce.

– Tu as brisé notre vie, Stella.

La voix d'Olivier était douce, elle aussi. Horriblement douce.

– Qu'est-ce que je peux faire pour que tu me pardonnes ?

– Que *nous* te pardonnions. Nous. Martine n'est pas morte, je le disais encore à Anémone il y a un instant.

– Mais non, elle n'est pas morte, s'écria Stella, les larmes aux yeux. Elle est bien vivante, grâce à Dieu !

– Si elle était morte, dit sombrement Olivier, je le jure, je t'aurais fait un procès.

– Je te comprends, dit Stella. Je te comprends si bien !

Elle paraissait soulagée, comme si, par cette phrase, Olivier lui avait annoncé qu'il ne lui ferait pas de procès pour l'amnésie de Martine, puisqu'il lui en aurait fait un pour sa mort. Elle jugea le moment propice pour se précipiter vers le lit. Martine eut envie de faire quelque chose pour cette femme qui lui semblait être le jouet de diverses machinations.

– Bonjour, Stella, dit-elle.

– Pourquoi m'appelez-vous Stella ?

– C'est votre prénom. Je l'ai entendu il y a un instant.

– Ah oui.

– Mais je l'avais entendu avant.

– Avant quoi ?

– L'accident.

– Encore pardon, Martine. Pardon !

– J'ai entendu ce prénom avant l'accident.

– Stella est ta meilleure amie, dit Olivier à sa femme.

– Ma meilleure amie..., murmura Martine.

– Oui, dit Stella. Ta meilleure amie.

Elle prit Martine dans ses bras et la serra fort contre elle. La malade éclata en sanglots parce que Stella était la seule personne à avoir eu l'idée, depuis sa sortie du coma, de la prendre dans ses bras. Alors que l'homme qui s'appelait Olivier et qui assurait être son mari n'y avait pas pensé, lui. Elle pleurait aussi parce qu'elle n'avait aucun souvenir d'une meilleure amie qui aurait eu pour nom Stella.

25

– C'est quoi, cette cicatrice à la lèvre ?

– Tu ne t'en aperçois que maintenant ?

– Excuse-moi, j'ai eu une journée...

– Je me suis coupé en me rasant.

– En te rasant ? Tu te rases l'après-midi ? Ce ne serait pas plutôt Justine qui t'aurait mordu alors que tu essayais de l'embrasser ?

– Si j'avais essayé de l'embrasser, elle ne m'aurait pas mordu, elle m'aurait tué.

– Mouais.

– J'admets que, comme la plupart des hommes, j'ai une certaine fascination pour les gouines.

– J'ai été gouine, moi aussi, quand j'étais jeune.

– Avec Anémone ?

– Une fois avec Anémone. Elle avait un chagrin d'amour, on était soûles. Une autre fois avec une contractuelle. Super mignonne. Elle était en train de me mettre un PV. Tu parles que je n'en avais rien à faire ! Maman venait de mourir, j'étais en procès avec Rachel : j'avais d'autres soucis. J'ai dragué la contractuelle pour m'amuser, ça a marché, on s'est retrouvées au pieu.

– C'était comment ?

– Avec Anémone ou la contractuelle ?

– Les deux.

– Avec Anémone, pas terrible. On était trop bourrées, on se marrait tout le temps. Avec la contractuelle, génial.

– L'uniforme, c'est ton truc. L'autre jour, quand j'avais mon short kaki, tu voulais me sucer.

– Puisqu'on aborde le sujet, je te suce quand ?

– Je ne sais pas.

– Ce soir ?

– Pas ce soir. C'est trop tôt.

– Encore trop tôt !

– Oui. Demain soir, peut-être.

– Pas peut-être : demain soir, sûr. Moi, j'ai besoin de repères. Sinon, je vais péter un plomb.

Ils se trouvaient dans le bar branché du village. Il n'y avait qu'un bar au village : il était forcément branché. Il s'appelait le *2002*. Il était supposé changer de nom chaque année, mais n'existait en fait que depuis un an. C'était une terrasse en bois, sous une treille. Il y avait une vingtaine de tables. Les boissons le plus servies étaient la tequila et la margarita. Stella en était à sa troisième margarita. Elle avait décidé de se « soûler la gueule » et avait, pour ce faire, entraîné Lucien au village. Anémone aurait voulu se joindre à eux mais Lucien et Stella avaient estimé qu'elle n'était plus présentable, surtout dans un endroit où il y avait un rocker, une styliste et une top-model au mètre carré. Non seulement la restauratrice n'avait pas réussi à faire changer son pansement à l'hôpital de Palma, mais elle l'avait encore sali pendant le dîner en mangeant deux assiettes du goulasch hungaro-espagnol de Maria. Lucien se demandait si la cuisinière ne faisait pas exprès, ces derniers jours, de préparer des plats en sauce pour qu'Anémone se salisse davantage. Peut-être en avait-elle assez de voir la restauratrice rôder sans cesse dans sa cuisine et mettre la main dans tous les plats en préparation ou dans les restes de la veille.

– Elle va comment, la sœur de Maria ? demanda Lucien.

– Zut, j'ai encore oublié de lui poser la question !

– C'est un cancer de quoi, déjà, qu'elle a ?

– Du sein. Attends. Les ovaires, peut-être. Le sein ou les ovaires.

– Ce n'est pas pareil.

– C'est mon espagnol : en ce moment, il faiblit. Tu m'offres une autre margarita ?

– Ça fera la quatrième.

– Je t'ai dit, oui ou non, que j'étais venue ici pour me soûler la gueule ?

– Avec ce que tu bois et ce que mange Anémone, ces vacances vont tourner au sordide.

– J'arrêterai de boire quand tu commenceras à me baiser.

– Comment dit-on « cirrhose du foie » en espagnol ?

Elle lui donna encore un coup de coude dans les côtes. C'était le deuxième depuis son arrivée à Majorque. Il dit qu'au troisième il rentrerait à Paris. Il fit signe au serveur de renouveler les consommations. Surgit, au sommet de l'escalier de bois qui menait à la terrasse – c'est le problème des îles montagneuses : il y a tout le temps des escaliers –, le visage maigre de Jérémie.

– Ce n'est pas ton ex-mari ? fit Lucien.

Stella se retourna. Entre-temps, un autre visage était apparu aux côtés de Jérémie : celui d'Annette Bretling, la top-model allemande avec qui Stella avait eu son accident de voiture quelques jours plus tôt. Jérémie sourit quand il vit Stella et cessa de sourire quand il vit Lucien. Il ne pouvait cependant s'abstenir de saluer son ex-femme, d'autant moins qu'Annette Bretling s'était déjà précipitée sur Stella pour lui demander comment elle allait. Stella répondit qu'elle allait bien, mais que les deux amies avec qui elle se trouvait dans la Mercedes au moment de l'accident allaient mal : l'une avait le nez cassé et faisait de terribles crises de boulimie, l'autre avait perdu la mémoire.

– *Elle ne ze zoufient te rien ?* demanda Annette.

– Je suis embêtée, parce que son mari a l'intention de me faire un procès.

– *Che fiendrai démoigner bour doi.*

– Tu es gentille, Annette, mais je vais essayer de parvenir à un accord amiable avec lui.

Jérémie se pencha pour embrasser Stella et adressa à Lucien un bref regard qui pouvait passer pour un salut.

– Quoi, Olivier ? demanda-t-il.

– Il veut me poursuivre à cause de l'accident, lui indiqua Stella.

– Hein ?

– Oui : Martine a perdu la mémoire. Il dit que c'est un préjudice grave.

– Mais c'est ton avocat !

– Pour l'occasion, il ne le sera pas. Je pense quand même arriver à un arrangement avec lui.

– Quel arrangement ?

– Financier. Tu en connais d'autres ?

– Oui : amicaux.

– Moi aussi, je pensais. Mais non.

– C'est incroyable. Je vais l'appeler. Je vais l'engueuler. C'est quoi, son numéro de portable ?

– Tu es gentil, Jérémie, mais ne te mêle pas de

ça, je vais tout arranger. Et toi, alors, tu loges chez Annette ?

L'avocat eut un sourire mystérieux. Il prit la top-model par le cou, se serra contre elle. Si Jérémie avait voulu rendre Lucien jaloux, c'était raté : le cuisinier n'aimait ni les grandes, ni les brunes, ni les Allemandes. Ce qu'il aimait, lui, c'étaient les jeunes juives châtaines intellos, gouines et de taille moyenne ! Enfin, il en aimait une : Justine. Ça dormait depuis plusieurs mois en lui, mais ç'avait vraiment commencé quand elle lui avait mordu la lèvre, cet après-midi. Il passait souvent la langue sur la cicatrice, au risque de la rouvrir.

– *Fenez à la vête que nous organissons temain zoir*, dit Annette. *Ça fous changera les itées.*

La tequila arriva quand Jérémie et la top partaient. Pour lui-même, Lucien avait commandé une bière. Il aimait beaucoup la bière espagnole. Il se crut obligé de prendre la main de Stella, elle avait l'air tellement triste après avoir vu Jérémie et la top enlacés. Aussitôt, la milliardaire l'embrassa à pleine bouche. C'était ça qui n'allait pas avec Stella : il fallait toujours qu'elle profite de la situation. Lucien avait gardé les yeux ouverts et vit que Jérémie les regardait avec fureur, ce qui lui fit tout de même plaisir.

– C'est tout Jérémie, fit Stella. Se coller avec la fille qui m'a fait avoir mon accident !

– Ce ne serait pas plutôt toi qui lui as fait avoir le sien ?

Encore un coup de coude dans les côtes. Il se leva.

– Je t'avais prévenue, Stella : je rentre à Paris.

Elle lui empoigna les couilles pour l'obliger à se rasseoir.

COMITÉ D'ENTREPRISE
C.N.A.V.T.S.
BIBLIOTHEQUE
14, rue de Jessaint
75018 PARIS

26

– C'était sympa, hier, le *2002* ?

Lucien s'étonna que Justine lui posât cette question. D'habitude, elle ne lui posait aucune question et ne répondait pas aux siennes. Il en conclut qu'elle était amoureuse de lui et il essaya pour la seconde fois de l'embrasser sur la bouche. Elle le gifla de nouveau.

– Je ne suis pas votre type ? demanda-t-il en se frottant la joue.

La jeune fille avait tapé plus fort que la veille. Était-elle plus fâchée ? Ou moins ?

– Si vous étiez une femme et si vous aviez vingt ans de moins, vous seriez mon type. Je veux dire : mon type de femme.

Elle lui faisait là une confidence qu'elle ne lui avait jamais faite, puisqu'elle ne lui en avait jamais fait aucune, et surtout qu'à sa connaissance elle n'avait pas faite à sa mère, qui avait été mise au courant de l'homosexualité de Justine par les révélations d'Olivier Florence. Si Justine parlait aussi ouvertement de son homosexualité à Lucien, ça voulait dire qu'il occupait une place privilégiée dans son esprit et dans son cœur, et ça, il savait que c'était le début de l'amour.

Ils se trouvaient à la cuisine. Par la fenêtre ouverte entrait le grand soleil majorquin du matin. Lucien se servit une tasse de café.

– C'est vous qui l'avez préparé ? demanda-t-il à Justine.

– Oui, mais vous ne devriez pas en boire : c'est du poison.

– Il y a de l'arsenic dedans ?

– Le café est du poison en soi.

– Pourquoi en avez-vous fait ?

– Parce que Maria ne viendra pas aujourd'hui. Elle a téléphoné tout à l'heure. Sa sœur est dans un état critique. Elle préfère rester auprès d'elle.

– Anémone va hurler !

– Il y a encore du goulasch, non ?

– Il y en avait hier soir, mais on ne sait pas ce qui s'est passé dans la nuit.

Lucien ouvrit le réfrigérateur et constata que la marmite de goulasch, à moitié pleine quand Stella l'avait rangée dans le frigo après dîner, était vide.

– Bah voyons ! dit-il.

– Il n'y en a plus ? demanda Justine.

Il fit non de la tête et dit :

– Quelqu'un a fait une razzia pendant la nuit et, à part Anémone, je ne vois pas qui ça pourrait être.

– Pas moi : j'ai horreur des plats en sauce.

Lucien n'en croyait pas ses oreilles : Justine lui parlait comme s'il était un être humain et qu'elle en était un aussi.

– Vous avez l'air de bonne humeur, dit-il.

– C'est parce que mon père vient me chercher dans une demi-heure. Je l'ai appelé ce matin. Je vais habiter quelques jours avec lui chez Annette Bretling.

Chaque mot de la jeune fille tombait dans le cœur de Lucien comme une pierre au fond d'un étang mort. Il était bouleversé par le départ de Justine et par la révélation que, si elle était gentille avec lui, c'était parce qu'elle n'allait plus le voir. Il ne put qu'articuler :

– Annette Bretling a une maison dans l'île ?

– La plus belle maison de l'île. Ici, à côté, c'est un taudis. D'après ce que m'a raconté papa.

– C'est à cause de moi, Justine, que vous quittez *Don Quichotte* ?

– Il y a plusieurs choses : les nerfs de maman, la tronche d'Anémone...

– Il faut dire que...

– Et puis vous, oui, bien sûr. Peut-être. Je ne

vais pas passer le reste des vacances à vous filer des baffes !

– Je pars demain.

– Mais non. Pourquoi ? Maman sera tellement triste. Vous êtes bien, à *Don Quichotte*. Comme un coq en pâte !

– Et Bimbo ?

– Il reste ici. Je ne lui ai pas proposé de venir avec moi mais, de toute façon, il aurait refusé. Il se plaît avec vous.

– Moi ?

– Vous tous. Les gens de *Don Quichotte*...

Le portable de Justine sonna. Elle décrocha. C'était son père. Il venait de monter dans sa voiture. Il serait là dans une quinzaine de minutes et proposait à sa fille d'apporter ses affaires jusque devant l'entrée de la propriété, de telle sorte qu'ils puissent repartir tout de suite. Jérémie était pressé. Il devait aider Annette à préparer sa fête.

Justine s'en fut dans sa chambre d'où elle revint avec un gros sac de sport et un petit sac à dos.

– Je peux vous aider ? proposa Lucien.

– Si vous voulez, dit-elle à la grande surprise du cuisinier.

Il prit le sac de sport et ils traversèrent le jardin. Il n'y avait personne à la piscine. Anémone ne faisait plus ses longueurs depuis belle lurette et Olivier Florence était resté en ville dans un hôtel proche de l'hôpital, plein de touristes russes. Il s'en était plaint, la veille, à Stella :

– Majorque était mieux quand il n'y avait pas les Russes !

Lucien avait, au dîner, risqué un mot d'esprit :

– On croyait que les Russes viendraient en chars, ils sont venus en charters !

Justine avait ri, ce qui avait surpris tout le monde, y compris Lucien. Bimbo avait donné l'impression de ne pas avoir entendu. Il n'entendait une phrase que s'il y avait son nom dedans. Enfin, son surnom. Anémone avait comme d'habitude le nez dans son assiette. Au fil des jours, elle approchait de plus en plus la tête de l'assiette, quand elle mangeait. Comme si, à mesure qu'elle prenait du poids, elle perdait la vue.

– Vous pouvez me laisser là, dit Justine à Lucien quand ils furent arrivés devant le porche. Mon père va arriver d'une minute à l'autre et je sais qu'il ne vous apprécie pas beaucoup.

– Me reproche-t-il d'avoir été avec Stella, ou de ne plus être avec elle ?

– Il vous reproche d'exister.

– Ce n'est guère démocratique. Alors, ses grands discours sur les droits de l'homme à la télé, c'est du pipeau ?

– Pour papa, tous les hommes sont égaux et ont

le droit de vivre. Sauf vous, Lucien. Vous, vous êtes un être inférieur et vous devez périr.

– Pourquoi ?

– Je ne sais pas. Parce qu'il est fou ?

– Il est fou ?

– Vous avez lu ses livres ?

– Non. Je ne lis pas de livres.

– Pourtant, vous en avez écrit un.

– C'était un livre de cuisine, et je ne l'ai pas écrit.

– N'empêche que je l'ai lu.

– Vous avez lu mon livre ?

– Je lis tout, même les livres de cuisine.

– Ça vous a plu ?

– Qu'est-ce que ça peut vous faire, puisque vous ne l'avez pas écrit ?

– Ce sont mes recettes !

Un bruit de moteur monta du bas de la colline.

– C'est papa, dit Justine. Il vaut mieux que vous partiez.

– Je peux vous appeler sur votre portable, aujourd'hui ?

– Oui, mais on se voit ce soir, à la fête d'Annette. N'oubliez pas : si Anémone vient, il faut absolument qu'elle change son pansement. Sinon, ça va tout flanquer par terre !

27

– *Z'est chendi t'êdre fenus*, dit Annette Bretling.

Elle se tenait à l'entrée de la maison, comme une ambassadrice. C'était un peu ce qu'elle était : elle représentait l'Allemagne dans la société majorquine.

Annette portait une minirobe dorée, avec des chaussures assorties. A côté d'elle : Jérémie en costume noir, tee-shirt noir, chaussures noires. Il pensait que seul le noir est élégant. Lucien demanda où était Justine. Il sentit que cette question déplaisait à tout le monde : à Stella, à Jérémie et même, pour une raison mystérieuse, à Annette. Seul Bimbo y fut indifférent. Il regardait autour de lui avec un calme émerveillement. Il voulut savoir où étaient les WC. Lucien se dit que c'était peut-être un cocaïnomane. Il en avait eu un, dans les cuisines de *L'Arête*. Anémone l'avait viré *fissa*.

– Il y a tout le monde, dit Stella quand ils pénétrèrent dans la villa.

– Mais il n'y a pas Justine, fit Lucien. Tu crois qu'Annette et elle se sont déjà disputées ?

– Non, mais tu connais Justine : elle a dû vouloir rester dans sa chambre à bouquiner.

Le cuisinier pensa qu'à la première occasion il lui faudrait partir à la recherche de cette chambre. Mais Stella ne le lâchait pas d'une semelle. Elle lui avait même pris le bras, comme une épouse. Une vieille épouse. Lucien n'avait plus l'âge de sortir avec des femmes de son âge. Il se dit qu'il préférait Daphné à Stella parce qu'elle était plus jeune que Stella, et qu'il préférait Justine à Daphné parce qu'elle était plus jeune que Daphné. Il n'y avait pas de quoi en faire un drame. Ce n'était pas psychologique ; c'était un problème de conservation. De *chaîne du froid*.

Ils retrouvèrent Bimbo assis dans un coin du jardin, une assiette sur les genoux. Il l'avait composée avec soin, comme un bouquet de fleurs, et avant de plonger la fourchette dedans, il y jeta un coup d'œil satisfait, presque tendre.

– Je te dis qu'il est gay, dit Stella à Lucien.

– Pas sûr.

– Tu devrais le draguer, pour voir.

– Moi ?

– Bah vous, dans la restauration...

Lucien et Stella s'installèrent à côté du jeune homme qui les accueillit avec une douce et majestueuse indifférence. Ils ne connaissaient personne d'autre, à part Jérémie et Annette, trop occupés par la fête pour s'intéresser à eux. Le cuisinier et la milliardaire étaient deux timides. Les mondains de *Don Quichotte*, c'étaient Anémone et Olivier. L'un et l'autre devaient avoir pas mal d'amis et aussi quelques clients à *Tannhäuser* (c'est le nom de la villa d'Annette). Mais Olivier était resté à Majorque avec Martine, et Anémone n'avait pas pu venir à la fête à cause de ce maudit pansement qu'elle n'avait toujours pas réussi à faire changer.

Pendant que Stella était allée chercher une assiette – Lucien ne mangeait jamais rien dans ce genre de grands buffets, il savait par expérience que ce n'est bon ni au palais, ni pour la santé –, le cuisinier demanda à Bimbo s'il avait vu Justine.

– Je n'ai vu personne, répondit Bimbo.

Stella revint vers eux avec une assiette pleine.

– Le buffet est formidable, commenta la milliardaire. Heureusement qu'Anémone n'est pas venue avec nous, elle se serait goinfrée et aurait encore pris des kilos.

Lucien dit qu'il allait y jeter un coup d'œil. Il se leva et déambula dans la fête, sans s'occuper du buffet. Il fut accosté par un journaliste gastronomique espagnol qui l'avait reconnu. Tout en lui parlant, Lucien regardait ailleurs. Dans une réunion mondaine, il avait toujours l'impression qu'il aurait dû être en compagnie d'une autre personne que celle en compagnie de qui il se trouvait. Ce soir, cette personne-ci était Justine. Mais il n'y avait pas trace de Justine. Il y avait beaucoup de filles plus jolies qu'elle, sans doute des amies mannequins d'Annette, mais elles ne l'intéressaient pas. Parfois il lorgnait en direction de Stella et de Bimbo. Ils mangeaient sans se parler ni s'occuper de ce qui se passait autour d'eux. Ils étaient insouciants : Bimbo parce qu'il n'aimait personne, Stella parce qu'elle sortait avec l'homme qu'elle aimait. La vie n'était pas pour eux cet épuisant problème qu'elle était pour Lucien, surtout en ce moment.

Son téléphone sonna ; c'était Daphné. Il décrocha parce qu'il avait envie d'entendre la voix de son épouse. Elle dit qu'elle appelait de Londres. Il eut aussitôt les mains glacées.

– Où, à Londres ?

– A ton hôtel.

– Qu'est-ce que tu as fait des enfants ?

– Je les ai laissés aux Sables, chez mes parents.

Que faire ? Et Anémone qui n'était pas là !

– Je ne suis pas à Londres, Daphné. Je suis à Majorque, chez Stella.

– Moi non plus, je ne suis pas à Londres, connard !

Daphné ne l'avait encore jamais appelé « connard ». Elle raccrocha. Hébété, Lucien regarda son téléphone. C'était peut-être mieux comme ça.

Il divorcerait, épouserait Stella. Deviendrait riche. Et le beau-père de Justine, comme dans le film *Lolita*. Après, il suffirait que Stella eût un accident. Elle avait souvent des accidents. Sa vie future apparut soudain à Lucien comme un cauchemar dont il n'avait une chance de sortir qu'en rappelant Daphné. Elle s'était mise sur messagerie, évidemment. Il ne laissa pas de message. Il appela Anémone à qui il résuma la situation.

– De deux choses l'une, lui dit la restauratrice. Ou bien tu sautes sur l'occasion pour divorcer et épouser Stella. Ou bien tu prends le premier vol pour Paris et tu te mets en quatre pour récupérer ta femme. C'est comment, la fête ?

– Je ne sais pas. Nul.

– Reviens à *Don Quichotte*, on discutera tranquillement de tout ça et tu retourneras chercher Stella en fin de soirée ; mais, à mon avis, elle voudra rentrer tout de suite avec toi.

Contrairement à ce qu'avait prévu Anémone, Stella choisit de rester à *Tannhäuser*. Elle précisa que Bimbo lui tiendrait lieu de chevalier servant pendant l'absence de Lucien.

– Ne traîne pas trop, dit-elle au cuisinier.

En se dirigeant vers la voiture, celui-ci aperçut enfin Justine. Appuyée contre un arbre, elle se laissait enlacer et embrasser par une jeune femme. Lucien se dit qu'il était trop con et décida de rentrer en France dès le lendemain à l'aube.

28

Il fila droit à la cuisine où il trouva Anémone. Il lui semblait qu'elle avait doublé de volume. Elle avait un problème au moins aussi grave que le sien. Elle attaquait un pot de rillettes à l'aide d'une cuillère à soupe. Elle dit que les rillettes étaient meilleures sans pain. Le pain ne servait à rien. Du reste, c'était l'avis de tous les diététiciens.

– On va sur la terrasse ? proposa Lucien.

Sur la terrasse ils seraient dans le noir ; on n'allumait pas à cause des moustiques.

– D'accord, dit Anémone. Il faut que je sorte de cette cuisine. Ça devient une obsession. C'est à cause de Maria, aussi : elle n'arrête pas de faire des courses.

– Aujourd'hui, elle n'est pas venue : elle est restée auprès de sa sœur malade.

– Du coup, j'ai moins mangé !

Sur la terrasse, ils s'installèrent côte à côte dans

les fauteuils en osier. Ils regardaient la mer mais ne la voyaient pas, elle était plongée dans l'obscurité.

– Mon pauvre Lucien, dit Anémone en prenant la main du cuisinier. Tu as des ennuis.

– Oui, dit Lucien.

Il ne retira pas sa main. Il se sentait bien, main dans la main avec Anémone. Cette grosse présence chaude et amicale le rassurait. Il se rendait compte que, depuis le coup de téléphone de Daphné, il avait peur. Simplement peur.

– On est mal dans ces fauteuils, dit la restauratrice. Ils sont trop étroits. C'est comme les lunettes des WC. On ne pourrait pas en fabriquer de plus larges ?

– Qu'est-ce que tu ferais à ma place ? demanda Lucien, désireux de ramener la conversation à ses relations avec Daphné.

– Tu n'aimes plus ta femme et tu n'aimes pas ta maîtresse ; c'est une situation dans laquelle les hommes se retrouvent souvent.

– Et alors, qu'est-ce qu'ils font ?

– Ils changent de maîtresse, parce que c'est plus simple que de changer de femme.

– Je n'ai plus de maîtresse. L'ennui, c'est que Daphné est persuadée du contraire !

– Qu'est-ce qui t'a pris, aussi, de lui dire la vérité ?

– Je ne sais pas mentir.

– C'est une infirmité !

– Si c'est une infirmité, ne m'engueule pas. On n'engueule pas les infirmes !

– Il va falloir que je te sorte de là.

– S'il te plaît, oui.

– Je dois réfléchir. Tu m'ouvres une boîte de raviolis ?

– Écoute, Anémone...

– Je plaisantais.

– Tu plaisantais ?

– Oui, figure-toi. Je suis encore capable de plaisanter sur la nourriture, malgré ma boulimie. Ça prouve que tout n'est pas perdu, non ?

– Dès ton retour à Paris, tu verras un spécialiste. Ça ne peut plus durer comme ça. Avec ton poids actuel, tu ferais fuir les clients. Un restaurant de poisson, en plus !

– Ne t'inquiète pas, je sais ce que j'ai à faire. Ta situation me préoccupe davantage, d'autant plus que c'est un peu moi qui t'y ai mis.

– Comme tu dis.

– Réfléchissons. On pourrait quand même boire quelque chose.

– Qu'est-ce que tu veux ?

– Du champagne. Le champagne, ça ne fait pas grossir !

– C'est encore de l'humour ?

– Encore.

Il alla dans la cuisine, prit une bouteille de champagne dans le frigo, puis deux verres à moutarde. Il aimait bien boire du champagne dans un verre à moutarde, Anémone aussi. Ils faisaient souvent ça, à *L'Arête*, quand le personnel avait quitté le restaurant. Ils se repassaient le film de la soirée, commentaient le comportement de tel ou tel client, de tel ou tel serveur. Détendu, presque euphorique, Lucien faisait sur sa vie amoureuse des confidences qu'Anémone écoutait avec une calme et douce attention. Elle savait écouter. Elle aimait ça. Elle était capable d'écouter n'importe qui pendant des heures. Elle disait qu'on ne perd jamais son temps quand on écoute les autres, même si ce sont des imbéciles. Lucien n'était pas de cet avis et n'écoutait jamais personne, pas même les gens intelligents – sauf évidemment Anémone.

La restauratrice avait été mortifiée de ne pouvoir, à cause de son pansement, se rendre à la fête d'Annette Bretling où il y aurait des gens qu'elle connaissait et des gens qu'elle aurait voulu connaître. Elle enrageait également de laisser Lucien à Stella et Stella à Lucien. Elle avait passé une mauvaise soirée. Sauvée par le coup de téléphone du cuisinier : ce nouvel embrouillamini entre Lucien et son épouse rendait à la restauratrice tout son pouvoir, sa superbe. Elle ressentait physiquement le besoin que Lucien avait d'elle pour se sortir du pétrin. C'était comme une caresse qu'il lui donnait contre son gré.

– Qu'est-ce que tu veux, Lucien ?

– Rentrer à Paris. J'en ai marre de Majorque. *L'Arête* me manque. Ça ne te manque pas, à toi ?

C'était doux d'entendre Lucien parler du restaurant, la chose qu'ils avaient en commun et qui était sans doute la plus importante de leur vie, loin devant leurs histoires d'amour respectives, elle avec son Hollandais, lui avec Stella.

– Que vas-tu dire à Daphné ?

– Rien. J'attendrai qu'elle revienne.

– Si elle ne revient pas ?

– Je la poursuivrai en justice.

– Toi aussi !

– Aucune loi ne m'interdit de passer quelques jours seul à Majorque.

– Seul ?

– Oui. Seul. Seul dans mon lit ! En revanche, la loi interdit à Daphné de disparaître avec mes enfants. Et puis, qu'est-ce que je peux faire ? Elle ne me prend pas au téléphone. Lui écrire ? Je ne sais pas où elle est ! En plus, je ne sais pas écrire.

– Appelle ses parents aux Sables. Au moins, ils te diront où sont tes enfants.

– Ils sont avec leur mère.

– Pas sûr.

– Elle serait partie sans les enfants ?

– Elle est peut-être avec eux, aux Sables. Ou bien sans eux, ailleurs. C'est son droit, comme c'est le tien.

Le portable de Lucien sonna. Le numéro du correspondant s'afficha, c'était celui de Stella.

– Je la prends ? demanda Lucien à la restauratrice.

– Mais oui. Sinon, qu'est-ce qu'elle va croire ?

– Qu'on discute.

– Qu'on discute, ou autre chose. Elle est assez à cran comme ça avec toi, inutile d'en rajouter.

Lucien décrocha. Stella avait une voix pâteuse. Il pensa qu'elle avait bu beaucoup d'alcool. Avec Bimbo ? Ce n'était pourtant pas le genre du jeune homme.

– Tu m'avais promis un truc, dit Stella.

– Quel truc ?

– Tu m'avais promis que ce soir je pourrais te sucer. Hier, tu m'as dit : demain soir. On est demain soir, et je ne t'ai toujours pas sucé. Tu trouves ça normal ?

– Écoute, Stella...

– Non, je n'écoute pas. Il y a une promesse non tenue !

– Tu es toute seule, là ?

– Non, je suis avec mon nouvel avocat, qui se trouve être mon ex-mari.

– Tu es avec Jérémie ?

– Oui.

– Il a entendu ce que tu viens de dire ?

– Non, parce qu'il bavarde avec mademoiselle Fox, la chanteuse. Même que ça n'a pas l'air de trop réjouir la Schleu. Quel bonheur de ne plus aimer cette ordure. Ce n'est pas un homme, c'est une machine à faire souffrir les femmes, surtout celles de plus de quarante ans !

29

Dans une brume rosâtre, elle vit Jérémie revenir vers elle. Elle s'était trouvée drôle, avec Lucien. « On est demain et je ne t'ai toujours pas sucé ! » Elle en riait encore toute seule. Pas de doute : elle avait davantage d'esprit quand elle était un peu pompette. Jérémie lui demanda ce qui la faisait rire. Elle dit qu'elle venait d'avoir Lucien au téléphone.

– Qu'a-t-il dit de si amusant ?

– Rien, des bêtises.

– Tu l'aimes encore ?

– Je ne sais pas.

– Justine m'a dit qu'il avait essayé de l'embrasser à deux reprises. Une fois hier, une autre fois aujourd'hui. C'est même pour ça qu'elle est venue habiter à *Tannhäuser*. Il la harcèle. C'est un pervers, un salaud. Je ne sais pas ce qui m'a retenu de lui foutre mon poing dans la gueule, tout à l'heure.

In petto, Stella innocenta d'emblée Lucien pour ces deux baisers : ou bien Justine avait raconté un bobard à Jérémie pour alourdir encore le dossier de Lucien dans l'esprit de son père, ou bien elle avait provoqué le cuisinier, à tel point que celui-ci n'avait pu s'empêcher – ou même s'était senti obligé – de l'embrasser. Stella repensa à la lèvre blessée de Lucien. Oui, Justine avait dû le mordre après l'avoir bien chauffé. Déjà que Lucien avait le sang chaud. Ils sont comme ça, dans la restauration.

– Justine et toi, dit-elle, vous détestez Lucien. Comme vous avez détesté tous mes mecs. Souviens-toi de ce que tu me disais sur Patrick !

– C'était vrai, non ?

– Non, ce n'était pas vrai.

– Il t'a quand même lourdée pour ce mannequin.

– Normal : elle était plus sexy que moi.

– Il n'y a pas que ça qui compte, dans la vie.

– Tu peux parler. La vérité, Jérémie, c'est que tu ne supportes pas que je sois avec un autre homme que toi. Pourquoi ?

– Non. Je trouve que, par un masochisme que je ne m'explique pas, tu choisis mal tes mecs.

– Choisis-m'en un.

– D'accord.

– Mais vite, parce que je n'ai pas baisé depuis cinq mois et demi, presque six.

– Lucien ne te baise pas ?

– On n'est plus ensemble !

– Qu'est-ce qu'il fait chez toi ?

– Il se repose. Il a eu une année crevante. Tu sais que *L'Arête* a obtenu une deuxième étoile au Michelin ?

– Anémone me l'a raconté une bonne dizaine de fois.

– C'est bien, non ?

– Moi, la bouffe...

Annette passa devant eux, entourée de quelques copines, dont une longue Black ondulante sur laquelle s'attardèrent les yeux fatigués de Jérémie.

– Arrête, dit Stella.

– Quoi ?

– Ne regarde pas les filles comme ça, ce n'est pas correct, surtout venant de quelqu'un comme toi.

– Quelqu'un comme moi ?

– Une star du barreau, un grand esprit. Une conscience.

– Tu te moques de moi, là ?

– Non.

Elle ne se moquait pas de Jérémie, mais vit tout le parti qu'elle pourrait tirer du fait qu'il pensait l'inverse : elle devenait, du coup, intellectuellement intéressante pour lui. Elle plissa les yeux avec une malice exagérée et esquissa un sourire énigmatique.

– La vérité, Stella, c'est que je suis fou d'Annette. C'est la femme de ma vie. Tu as vu la plastique qu'elle a ?

La confidence de son ex-mari refroidit la milliardaire. Elle le savait bien : Jérémie préférerait toujours une femme avec de jolies jambes qu'une femme avec un cerveau. Ça ne servait à rien, avec lui, d'être intelligente : il fallait être canon. Mais tous les hommes n'étaient-ils pas les mêmes sur ce chapitre ? Patrick et Lucien en étaient deux bons autres exemples.

– Elle me fait grimper aux murs, continua Jérémie. Pour le sexe, c'est presque une professionnelle.

– Normal, vu le nombre de types qu'elle a eus avant toi.

– Le problème, c'est qu'avec elle on se fait vite virer. A tous les niveaux, elle a des exigences fortes. Et puis c'est une cyclothymique.

– Alors, fais attention.

– Je fais attention. C'est comme le rodéo, tu vois. Le problème, c'est de rester le plus longtemps possible sur la bête. Là, je tiens le coup depuis dix jours. Ce n'est pas si mal. C'est mieux que certains. Moins bien que d'autres. Pour l'instant, je suis dans une bonne moyenne. J'espère faire mieux. Beaucoup mieux.

– L'épouser ?

– Pourquoi pas ? Elle a l'âge.

– Elle a quel âge ?

– Trente ans. Dans un ou deux ans, elle raccroche. Avec le pognon qu'elle a gagné, elle est tranquille jusqu'à la fin de ses jours.

– On ne peut jamais dire ça, Jérémie.

– Elle, elle peut.

– Non. Même moi, je ne peux pas. On ne sait pas ce que réserve l'avenir.

– Quand même, des fois...

Tout en discutant avec ses copines – Stella reconnut la fille qui avait joué dans la dernière pub Citroën –, Annette faisait de petits signes de connivence à Jérémie qui lui souriait largement en retour.

– Je n'ai toujours pas vu Justine, dit Stella.

– Elle est en train de se faire rouler des pelles au fond du parc par Lola Jeunet, qui a écrit ce best-seller sur la mode.

– Tu crois que c'est à cause de nous que Justine est comme ça ?

– Comme ça quoi ?

– Bi.

– Elle n'est pas bi, elle est goudou. Elle n'a jamais vu une bite en érection, sauf dans les films pornos. C'est elle qui me l'a dit.

– Tu penses que nous l'avons dégoûtée de l'hétérosexualité ?

– Pourquoi ? On était un couple formidable. On l'est toujours, non, d'une certaine façon ?

– Pas tellement.

– Moi, dans ma tête, je suis toujours avec toi.

– Justement, il faudrait que tu arrêtes, ça me complique trop la vie.

Jérémie sourit et embrassa Stella sur la joue, puis il se leva et rejoignit Annette qui le prit aussitôt par la taille. La milliardaire se sentit bête et malheureuse. Elle décida d'appeler Lucien pour lui dire de venir la chercher et de la ramener à *Don Quichotte*. Elle était sur le point de composer le numéro du cuisinier quand Bimbo s'assit à côté d'elle et lui demanda si elle s'amusait. C'était la première fois, depuis le début des vacances, qu'il lui posait une question.

30

– Et toi ?

Ils avaient parlé de lui pendant une heure et il venait de penser qu'Anémone avait peut-être envie d'aborder un autre sujet : elle, par exemple. La vie sentimentale de la restauratrice avait toujours paru au cuisinier une fiction plate et vide dont elle déroulait les épisodes avec cocasserie pour amuser la galerie mais qui ne comptait pas pour elle. C'était la raison pour laquelle il lui en parlait peu, et seulement par politesse. Que pouvait lui faire qu'elle aimât davantage Samuel que Frederick (l'amant hollandais d'Anémone s'appelait Frederick, Frederick Haas), ou Frederick que Samuel, alors qu'il était persuadé qu'elle n'aimait qu'une chose sur terre : son restaurant de la porte Maillot ? Avec tout ce qu'il y avait dedans, dont lui.

– Moi ? fit Anémone, étonnée.

Elle avait tellement pris le pli de ne parler aux autres que d'eux-mêmes qu'elle mettait toujours un petit temps avant de comprendre qu'il lui fallait parler d'elle.

– Tu en es où ?

– De quel point de vue ?

– Sentimental.

– Je trouve qu'à mon âge c'est un mot qu'il ne faut pas prononcer trop souvent. Sexuel est plus indiqué.

– Ton âge ? On a le même.

– Non. J'ai quatre ans de plus que toi et je suis une femme. Je te trouve du reste un peu bête avec tes histoires. Tu n'aimes plus Stella, tu aimes Daphné, tu n'aimes plus Daphné, tu aimes Justine... C'est grotesque. Tu n'as plus quinze ans. Tu aurais dû coucher avec Stella, coucher ensuite avec Justine, ne rien dire du tout à Daphné et rentrer à Paris comme une fleur. C'est ce qu'aurait fait un type intelligent.

– Je ne suis pas intelligent.

– Je vais finir par le croire. Résultat : tu n'as pas couché avec Stella, tu n'as pas couché avec Justine, et tu as planté ton mariage. Je parie que tu n'as même pas bien dormi.

– Pas trop, non.

– Tu vas rentrer à Paris crevé. Tu seras obligé de t'installer dans un studio meublé parce que ta femme t'aura mis à la porte. Tu seras trop préoccupé pour bien faire ton travail. Tu perdras ta deuxième étoile !

– Tu ne noircis pas le tableau ?

– Peut-être.

– Et puis, qui a insisté pour que je vienne à Majorque ?

– Moi, dit Anémone, souriant avec malice et gourmandise sous son masque de graisse sale.

– Je ne te le fais pas dire. Maintenant, il faut que tu répares tes bêtises.

– *Mes* bêtises ? Ce sont *tes* bêtises !

– Des bêtises que j'ai faites à cause de toi !

– Laisse-moi réfléchir. Pendant ce temps, va nous chercher une autre bouteille de champagne.

– Attends, moi j'ai de la route, après : je dois aller chercher Stella chez la Schleu et la ramener ici.

– Ça fait à peine vingt kilomètres aller-retour.

– Ça tourne beaucoup.

– Ici, il faut apprendre à conduire bourré : c'est la conduite accompagnée… d'alcool !

Lucien rit. Anémone était plus drôle que Stella. Quel dommage qu'elle eût cette tronche pas possible, surtout en ce moment ! Quand il revint de la cuisine, elle s'était assoupie. Il lui tapota l'épaule pour la réveiller parce qu'il avait encore envie d'être avec elle, de lui parler. Et qu'elle lui parle.

– Champagne ! dit-il.

Anémone rouvrit les yeux et bâilla. Il s'empressa de remplir son verre.

– Tu as réfléchi ? demanda-t-il.

– Réfléchi à quoi ?

– A la façon dont tu vas me sortir de là.

– Il faut que tu appelles Daphné.

– Quand elle voit que c'est moi, elle ne décroche pas.

– Tu n'as essayé qu'une fois – en plus, tu n'as pas laissé de message ! A mon avis, en ce moment, elle couve des yeux son téléphone et attend que tu l'appelles.

– Elle l'a déjà jeté dans l'océan !

– Et si elle est à Paris ?

– Dans la Seine !

– Fais ce que je te dis, Lucien. Appelle-la. Si ça te gêne de lui parler devant moi, va dans ta chambre. Moi, je ne bouge pas, je suis trop soûle.

– Ça ne me gêne pas. Et puis, je suis sûr de tomber sur la messagerie.

Il avait peur, en quittant la pièce, qu'Anémone ne se rendormît. Il savait qu'il n'aurait pas le cœur de la réveiller une seconde fois. Il composa le numéro de Daphné avec indifférence, persuadé de tomber sur la messagerie. Laisserait-il un message ? Il ne savait pas. Il déciderait ça dans trois secondes.

– Quoi, Lucien ?

Daphné avait décroché ! Elle exhala un gros

soupir de colère. Il voulut s'excuser, mais une évidence l'éblouit : c'était à elle de s'excuser, bien qu'il ne sût pas de quoi. Il ne trouva rien à dire pour sa défense. Sa défense de quoi ? Il était innocent. Il devait dissiper un malentendu, mais jugeait cela au-dessous de sa dignité.

– Tu veux me dire quelque chose, Lucien ?

– Oui : merde.

Il raccrocha. Voilà comment on gâchait un mariage, une vie. Plusieurs vies !

Il regarda Anémone, la responsable de ce désastre. Elle dormait. Elle ronflait. Elle bavait. Avachie, répandue sur le fauteuil en osier. Il eut envie de la précipiter dans le vide, mais elle était trop lourde, maintenant. Comme quoi le poids peut constituer un avantage. Un *gros* avantage. Il rit. Dommage qu'Anémone dormît, elle aurait ri aussi. Il se leva et se dirigea vers sa chambre en titubant. Il ferma la porte derrière lui. Il éteignit son portable. Stella trouverait bien quelqu'un pour la ramener à *Don Quichotte*. Sinon, elle dormirait à *Tannhäuser*. Ce n'étaient pas les chambres qui manquaient, là-bas.

31

Lola Jeunet était une grande fille molle aux cheveux marron. Stella ne comprenait pas ce que Justine lui trouvait. Si elle-même devait coucher avec une femme, elle en choisirait une mieux. Musclée, avec un visage aux traits réguliers, un peu masculins. Comme cette contractuelle qui l'avait tellement fait jouir. Pas ce long gnome qui parlait tout le temps. Elle avait fait un best-seller européen, et alors ? Stella en avait rencontré plein, des gens qui avaient fait un best-seller européen. Son ex-mari, pour commencer.

Elle était assise devant, à côté de Bimbo qui conduisait. Le 4×4 était celui qui était rentré dans sa Merco quelques jours plus tôt. Sur la banquette arrière, Annette Bretling était blottie contre Justine. Jérémie avait refusé de les accompagner. Il avait dit que les boîtes de nuit, ce n'était plus de son âge. Stella se souvenait que, même dans les années 80, l'avocat n'aimait pas sortir le soir. Heureusement qu'Anémone voulait bien l'accompagner, sinon elle n'aurait pas fait souvent la fête.

La milliardaire se rendit compte que dans la voiture il y avait quatre femmes pour un homme – si on pouvait appeler Bimbo un homme. Quelle décadence ! Il n'y avait plus de mâles, ou quoi ? Qu'est-ce qui les faisait fuir ? Pour Justine et Lola Jeunet, elle comprenait : c'étaient des gouines. Mais Annette et elle ? Annette était une des plus belles femmes du monde. A une époque pas si éloignée, les plus belles femmes du monde ne sortaient pas avec des copines, mais avec des copains. Peut-être était-elle trop belle. Les hommes ne supportaient plus rien chez les femmes, pas même leur beauté. Quant à Stella, elle savait bien ce qui effrayait les hommes chez elle : ses milliards.

Elle eut envie d'appeler Lucien et, comme elle était soûle, le fit. Elle eut la messagerie. Quel message laisser ? Elle raccrocha sans rien dire. Comme ça, quand Lucien consulterait sa messagerie, il verrait qu'elle l'avait appelé, mais ne saurait pas pourquoi. Bien fait pour lui !

Stella se sentait bien, à côté de Bimbo. Il conduisait, regardait la route et ne disait rien. C'est reposant, un homme qui conduit, regarde la route et ne dit rien. Elle eut envie de poser la main sur sa cuisse et, comme avec Lucien, le fit. Quand elle était bourrée, elle faisait tout ce dont elle avait envie. Il tourna la tête vers elle et sourit. Ce sourire la bouleversa. C'était une promesse. Stella retira sa main. Elle n'allait pas coucher avec un ami de sa fille. Elle n'en était pas là ! Maintenant, elle était certaine d'avoir trop bu. Dans la boîte, elle ne prendrait qu'un *diet Coke*. Si elle faisait des bêtises avec Bimbo au cours de la nuit, Lucien l'apprendrait – on pouvait compter sur Justine pour lui annoncer la nouvelle – et ne le lui pardonnerait pas. Sous ses airs indifférents, il était possessif. Il rentrerait aussitôt en France, vexé, et elle n'aurait alors plus qu'une solution si elle voulait avoir encore une chance de le revoir : aller dîner à *L'Arête*.

Dès qu'ils pénétrèrent dans le night-club, Justine, Lola Jeunet, la top et Bimbo bondirent sur la piste. Stella voulait les suivre mais, soudain, ne se sentit plus assez soûle pour le faire. Les danseurs et danseuses avaient entre vingt et trente ans de moins qu'elle. Il fallait qu'elle boive quelque chose. Elle essaya de s'approcher du bar. Devant elle, il y avait deux, voire trois rangées de gens : gars compacts, gamines fluorescentes. Elle se sentit diminuée par leur jeunesse. Jamais elle ne réussirait à se faire servir un verre dans cet endroit, malgré ses milliards. Elle n'en avait d'ailleurs pas tant que ça. Deux ou trois. Il y avait des gens tellement plus riches qu'elle. Quand elle voyait la fortune de certains, elle était complexée.

– Ça va, maman ?

Justine avait posé une main sur son épaule, lui parlait à l'oreille.

– Non, dit Stella. Je vais partir.

– Pourquoi ? On vient juste d'arriver.

– Il y a trop de bruit et je ne peux pas me faire servir à boire.

– Annette a sa bouteille ici. Suis-moi.

– Vous avez une table ?

– Dès que les gens de la boîte ont vu Annette, ils ont tout organisé. C'est même la meilleure table.

Justine prit la main de Stella. Mère et fille fendirent la foule des danseurs. Stella songea au vers d'Apollinaire : « *Un voyou qui ressemblait à mon amour...* » Justine aimait les femmes, donc elle aimait sa mère. A la table, il n'y avait qu'Annette. Lola et Bimbo se déchaînaient sur la piste.

– *Ce zont te frais vêdards*, dit Annette.

Puis, elle demanda à Stella ce qu'elle « *foulait poire* ».

– Gin-tonic, dit la milliardaire.

Le goût du gin-tonic, le goût de la jeunesse. C'est toujours ce qu'elles prenaient quand elles sortaient en boîte, Anémone et elle. Tout ce temps. La jeunesse était finie, la vie aussi. Stella consulta son portable : pas de message. Elle comprit qu'elle était en train de pleurer quand sa fille la prit par les épaules et lui demanda ce qu'elle avait.

– Je suis fatiguée, dit Stella. Je veux rentrer.
– Bimbo va te raccompagner.
– Non, je ne veux pas pourrir sa soirée.
– Quelle importance, maman ?

En effet, ça ne semblait avoir aucune importance pour Bimbo. Quand Justine lui eut dit qu'il devrait ramener Stella à *Don Quichotte*, il hocha la tête et, se tournant vers la milliardaire, lui fit le même sourire que tout à l'heure, lorsqu'elle avait posé une main sur sa cuisse.

Dans la voiture, il ne mit pas de musique. Ça manqua à Stella. Elles mettaient toujours de la musique à fond, Anémone et elle, quand elles rentraient de boîte, dans les années 80.

– On écoute de la musique ? proposa-t-elle.
– Si vous voulez, dit Bimbo.
– Je ne sais pas comment marche cet appareil.

Il trouva une station de musique pop et demanda à Stella si ça lui convenait. Elle aurait préféré un peu de Mozart, mais elle avait peur que ça fasse trop vieux. Trop vieille. Déjà, la pop datait.

Bimbo la laissa devant le portail de *Don Quichotte* et lui fit un petit signe d'au revoir. Elle fut déçue. Elle pensait qu'il entrerait avec elle dans la maison. Peut-être auraient-ils échangé un baiser et, après le baiser, auraient-ils fait l'amour.

– Vous redescendez à Majorque ?
– Obligé, dit Bimbo. Je dois ramener le 4×4.

Elle sentit que ce n'était pas la vraie raison, que la vraie raison était qu'il la trouvait moche et vieille et qu'il préférait finir la nuit avec des filles jeunes et jolies, même si certaines étaient gouines.

Il y avait de la lumière au salon. Sur la terrasse, dans un fauteuil en osier, Anémone dormait. Stella s'assit à côté d'elle. Elle eut envie de la réveiller pour lui raconter la soirée épouvantable qu'elle venait de passer. Anémone trouverait les mots pour la consoler, la rassurer. Mais c'était bien, aussi, de regarder la restauratrice dormir, même sous cet horrible pansement.

32

Pourquoi n'était-il pas descendu à Majorque avec Annette ? Il était fatigué et craignait, en boîte, d'avoir l'air vieux. Maintenant, il n'était plus fatigué et sentait qu'il avait l'air vieux, seul dans la chambre de la top-model, même aux yeux de celle-ci qui n'était pourtant pas là pour le voir. Plus vieux que s'il avait accompagné Annette en ville ! Et puis, ce n'était pas prudent de laisser traîner une fille pareille au milieu de danseurs plus mignons les uns que les autres. Elle aimait les hommes mignons. Son palmarès amoureux était à cet égard révélateur : le chanteur belge Bruno Ghislain, l'acteur australien Tony Garfield et, tout récemment, un top-model allemand comme elle, Gerhard von Kram. Ils avaient même été officiellement fiancés. La presse était pleine de photos les montrant main dans la main avant, pendant et après les collections. Quand ils s'étaient quittés, Annette avait expliqué aux journalistes qu'elle restait attachée à Gerhard, mais qu'elle avait besoin de quelqu'un de « plus intellectuel ». C'était peut-être à cause de son père qu'elle adorait et qui était professeur de droit à Munich. Avec Jérémie elle ne pouvait tomber mieux. Pour l'instant, la presse était restée silencieuse sur leur liaison, mais ça n'allait pas durer. L'avocat avait cru repérer plusieurs paparazzi dans l'île au cours de leurs déplacements dans le 4×4 d'Annette, et peut-être l'un d'eux à la soirée à *Tannhäuser*. Ça sortirait d'abord en Espagne, dans deux ou trois jours. Les Italiens suivraient aussitôt, avec les tabloïds anglais. Viendraient enfin les Français. Jérémie avait l'habitude. Au début des années 90, il avait été successivement avec Nina Costello, la comédienne, et Johanna Simonnet, l'animatrice de télévision. Nina Costello ne tournait plus beaucoup, mais Johanna Simonnet était toujours très connue. Elle avait sur France 2 une nouvelle émission de variétés que Jérémie n'avait jamais vue. Il n'avait pas le temps de regarder la télévision.

Il se promenait nu dans la chambre. Il aimait les chambres de femmes. Les maisons de femmes. L'argent des femmes. Il aimait tout chez les femmes. Il jeta un coup d'œil à la bibliothèque. La plupart des livres étaient en allemand. Il lisait un peu l'allemand. A une époque, il pouvait même réciter *Le Roi des aulnes*, le poème de Goethe, presque en entier.

Il marcha vers la fenêtre, regarda la mer. Ce silence opulent et, autour de lui, ces centaines de mètres carrés de luxe. Comme l'argent était bon et doux ! Telle une maman affectueuse, il veillait au moindre détail de votre vie. Et quelle élégance ! L'élégance était importante pour Jérémie. Sans élégance il n'aurait pas pu vivre, et l'argent était gage d'élégance. Sans lui, tout devenait médiocre, triste et laid. Il ne comprenait pas comment les gens pouvaient vivre dans la pauvreté. Ça le dépassait.

Il se souvenait des merveilleuses dépenses qu'ils faisaient, Stella et lui, au début de leur mariage. Les voitures, les voyages, les sorties. Des tablées de quinze. Jérémie se contentait de signer la note sans même la regarder. Les chaussures, les chemises, les pulls dans lesquels on est bien. Jamais serré. Ni blessé. La *business class* dans les avions devenue dans l'esprit de l'avocat un domaine privé. Oui, il avait été heureux avec Stella. Avec Nina aussi. Elle avait moins d'argent, mais était plus célèbre : ça compensait. Il aimait bien se voir dans le journal. Bientôt il était devenu célèbre, lui aussi. Les grandes causes humanitaires, la télé, ses bouquins. Il n'avait plus besoin de l'argent des femmes mais continuait bizarrement à tomber amoureux de femmes riches. Le pli était pris.

Il avait rencontré la top à une fête au *VIP*, sur les Champs-Élysées. Elle était avec une vieille copine. Quand une top sort avec une vieille copine, c'est soit qu'elle a un nouveau petit ami et ne tient pas à le montrer à la presse, soit qu'elle vient de rompre avec son ancien mec. Jérémie opta pour la seconde explication. C'était la bonne. Il guettait l'Allemande depuis un bon bout de temps. Plusieurs années. Décryptait ses interviews dans la presse *people*. Cette fille n'était pas comme les autres et il était bon pour gérer les filles pas comme les autres. Il avait vingt ans de plus qu'elle et les filles pas comme les autres aiment les hommes qui ont vingt ans de plus qu'elles à condition qu'ils bandent correctement. Les filles qui couchent avec des vieux ne sont pas des folles de la bite, mais elles n'entendent pas pour autant rester en plan. Question de fierté. Jérémie parlait souvent de ça au téléphone avec Olivier Florence qui, lui, ne bandait plus du tout. Bien que sa femme Martine, à l'époque où elle savait encore qui elle était et surtout qui était son mari, prétendît le contraire.

Pour commencer, Annette déclara à Jérémie que, dans la vie, une fille était perdue si elle n'avait pas un bon médecin, un bon psy, un bon agent de change et un bon avocat. Avait-elle un bon avocat ? lui demanda-t-il. Le meilleur, répondit-elle. Il dit que ça, c'était impossible. Elle rit, il en profita pour chercher à lui extorquer son numéro de portable. Elle dit qu'elle n'avait pas de portable, car elle n'était ni menuisier, ni pute, ni infirmière, ni mère de famille. Bien sûr, elle mentait : elle avait un portable. Il obtint son numéro le lendemain par une relation commune. Il appela aussitôt Annette. Il eut la messagerie. Six fois de suite. A la fin, Annette le rappela et lui demanda ce qu'il voulait. Il dit qu'il la voulait, elle. Elle le convoqua le soir même dans un petit restaurant italien, en bas de chez elle, dont elle semblait être la principale attraction. Elle dit qu'elle avait un rhume. En effet, son nez était rouge et elle toussait souvent.

– *Dabac blus pafartache*, expliqua-t-elle.

Elle avait un tel accent qu'il se demanda s'il ne la comprendrait pas mieux s'ils parlaient en allemand. Il lui fit cette proposition et sentit qu'il avait marqué un point. Il disait souvent que c'était ce qu'il fallait faire avec les filles : marquer des points. Au vingt et unième point, la fille tombait. Comme au ping-pong. Parfois, ça allait plus vite. Annette dit :

– *Z'est chendil te da bart, zurdout que du es chuif.*

Il mit un moment à comprendre. Il se demanda s'il allait réagir. Il y avait des choses qu'il ne fallait pas laisser passer. Mais, pour ce soir-là, il décida de faire une exception.

La suite de la conversation se déroula en allemand. Annette ne mangeait pas grand-chose. Jérémie avait l'habitude. Les chanteuses, les vedettes TV, les top-models grignotaient. On croyait que ces filles étaient chères alors qu'elles ne coûtaient rien à nourrir. Annette trouvait le métier de Jérémie passionnant et demanda à l'avocat de lui raconter quelques anecdotes. Il s'exécuta, mais son allemand se révéla vite trop sommaire pour qu'Annette goûtât tout le sel de ses histoires, aussi dut-il repasser au français.

– *Tézolée*, sourit Annette. *Che ne barle bas l'hépreu.*

Pourquoi disait-elle ça ? Lui non plus ne parlait pas l'hébreu ! Cette fille était bizarre. A se demander ce qu'avaient fait ses parents et ses grands-parents sous Hitler.

Quand l'addition arriva, elle dit :

– *Che baye !*

– Pas question ! s'écria Jérémie.

– *Du es chez moi.*

Elle sortit de l'argent liquide d'une pochette en plastique transparent où il compta à vue de nez quatre ou cinq mille euros. Il savait que les personnes « défiscalisées » se déplacent toujours avec beaucoup d'argent liquide sur elles, parce qu'elles ne doivent pas faire de chèques ni se servir de leurs cartes de crédit hors de leur lieu de résidence officiel. Pour Annette, c'était Monaco. Il lui demanda si elle aimait Monaco.

– *Bas tu dout : z'est Zarzelles.*

– Tu exagères.

– *Che d'invide : du ferras.*

– Tu m'invites quand ?

– *C'hy fais temain : fiens afec moi.*

– Chiche !

– *Du ne plaites bas ?*

– J'enverrai un de mes assistants.

– *Don glient ne fa bas ze blaintre ?*

– T'inquiète, c'est un con.

Le lendemain matin, Annette Bretling embarquait Jérémie pour Monaco à bord de son jet privé où ils firent rapidement l'amour. L'avocat était au comble du bonheur. C'était pour ça qu'il était venu sur terre, exactement pour ça : faire l'amour avec une top-model dans le jet privé de celle-ci. Il se demanda pourquoi Dieu l'aimait autant et se dit que c'était sans doute parce qu'il avait toujours défendu les opprimés. « Les humiliés et les offensés », comme il disait souvent quand il passait à la télévision.

33

Lola et Bimbo dansaient ensemble. Annette dit qu'elle aimait danser, mais pas au milieu de cette foule. Ça l'embêtait quand trop de gens la regardaient. Elle préférait danser chez elle ou à des fêtes données chez des amis, avec des invités triés sur le volet.

Justine lui tenait compagnie sur la banquette. L'Allemande était obligée de lui parler à l'oreille à cause du bruit. A chaque fois, Annette approchait un peu les lèvres et Justine tendait un peu plus l'oreille. Les gens qui se rencontrent en boîte de nuit ne commencent pas par s'embrasser sur la bouche, mais sur les oreilles. Un peu avant l'aube, les deux jeunes femmes sortirent prendre l'air. Elles marchèrent dans les rues mortes, main dans la main. Après avoir vérifié que personne ne les avait suivies et qu'il n'y avait pas moyen de prendre une photo d'elles, fût-ce au téléobjectif, Annette plaqua Justine contre un mur et l'embrassa longuement tout en lui caressant les seins sous sa chemise. Après avoir repris son souffle, la Française demanda :

– Et papa ?

– *Goi, baba ?*

– Ça ne va pas trop lui plaire, ce qu'on est en train de faire toutes les deux.

– *Il ne le foit pas !*

Annette rit. Elle avait un rire profond, guttural. Un rire d'homme. De soldat. Elle ressemblait à un soldat, mais pas à un soldat d'aujourd'hui, plutôt à un chevalier du Moyen Age. Un de ceux qui avaient pris Jérusalem, songea Justine avec amusement.

– *Chai enfie te toi*, dit Annette.

– Moi aussi. Qu'est-ce qu'on fait ?

– L'amour !

– Mais où ? Pas chez toi : il y a mon père. Pas chez moi : il y a ma mère. L'hôtel, il n'en est pas question.

– *Pas quesdion ! Tix minutes abrès, il y a quinze babarazzi ! Bourdant, chen connais un peau : le Grand Hôtel Son Net. A fingt minutes te Balma. On serait heureuses, là-bas, doudes les teux. Ah, bourquoi suis-je dellement zélèpre ?*

– Parce que tu as tout fait pour ça, ma chérie.

Justine l'attira à elle et elles s'embrassèrent de nouveau. Elle glissa une main dans la culotte d'Annette : l'Allemande était trempée. Justine se demanda si elle mouillait autant avec son père et crut avoir la réponse quand la top-model dit :

– *Les Chuives, vous êtes engore meilleures bour le sexe que les Chuifs !*

Elles revinrent à la boîte de nuit tout étourdies, sans avoir trouvé de solution pour abriter leur premier accouplement. Lola Jeunet et Bimbo étaient enlacés sur la banquette.

– Tu fais aussi les mecs ? demanda Justine à la romancière.

– Qu'est-ce que je t'ai dit à *Tannhäuser* ? rétorqua celle-ci. Que j'étais bi. Je suis une vraie bi, moi. Parce qu'il y en a plein qui se disent bi alors qu'ils sont homos mais ont couché une ou deux fois, voire une demi-fois, avec quelqu'un de l'autre sexe.

– Moi, par exemple !

– Tu n'as jamais couché avec un homme ?

– Non. Hier soir, l'amant de ma mère a essayé de m'embrasser sur la bouche. Je l'ai mordu. C'est mon unique expérience hétérosexuelle et je ne pense pas qu'il y en aura d'autre.

– Alors, cesse de dire que tu es bi.

– Je n'ai jamais dit que j'étais bi.

– Excuse-moi, j'avais cru.

– Pourquoi ? Parce qu'on s'est roulé des pelles à *Tannhäuser* ? Tu n'es pas un type.

– Non, mais...

– Non mais quoi ?

– Non mais rien. Et Bimbo ?

– Quoi, Bimbo ?

– Il est bi ?

– Je n'en sais rien. Tu lui as demandé ?

– Non. Et toi ?

– Non plus. On lui demande maintenant ?

– Si tu veux.

Justine se pencha vers Bimbo et lui demanda dans l'oreille s'il était bi. Le garçon sourit et fit non de la tête. Puis l'Allemande, peut-être énervée par la longue conversation que Justine et Lola avaient ensemble, entraîna le garçon sur la piste. Il y eut aussitôt beaucoup de gens autour d'eux et Justine les perdit de vue.

– La question, dit Lola, est de savoir si un type qui sort avec une bi n'est pas un peu bi lui-même.

– Tu dis ça pour Bimbo ?

– Oui. En plus, tu devrais t'inquiéter parce qu'Annette est vraiment bi, elle. Elle est même de la race supérieure des bi.

– Tu dis ça parce qu'elle est allemande ?

– Non : parce qu'elle sort en même temps avec un père et sa fille.

– On sort ensemble, Annette et moi ?

– Vous n'êtes pas sorties ensemble, tout à l'heure ?

– On est sorties prendre l'air.

– C’est ça, oui : prendre l’air. L’air, c’est le nouveau nom pour clito ?

La romancière rit.

– Ce que tu es vulgaire, fit Justine.

– Tu crois que, si je n’étais pas vulgaire, j’aurais vendu trois cent mille exemplaires de mon bouquin en France, trente mille en Allemagne et douze mille en Suède ?

Justine pensa que ce n’était pas terrible. Son père avait fait mieux avec *L’Indépendance de la Justice*.

– T’inquiète, continua Lola, je ne suis pas du tout jalouse. Nous, les bi, les vrais bi, on n’est pas jaloux, parce qu’on a deux fois plus de choix que les hétéros ou les homos. N’empêche, c’est la première fois de ma vie que je me fais jeter au bout de deux heures, et sans avoir tiré mon coup, en plus ! J’admets que la concurrence était rude.

Quand quelques personnes s’écartaient, on pouvait apercevoir Annette Bretling s’agiter sur la piste, longue et sculpturale. Parfois elle se collait contre Bimbo qui n’en continuait pas moins à faire les petits pas d’un vieux jerk que lui avait sans doute appris son père ou un oncle de province.

– Avec nos conneries, dit Lola, on est en train de se faire piquer chacune notre plan de la nuit. S’agirait de veiller au grain, ma vieille. Tu m’as trop chauffée, tout à l’heure. Si je ne baise pas, je vais avoir une crise d’asthme.

– Tu es asthmatique ?

– Non, c'était un mot d'auteur.

Elles se levèrent et rejoignirent Annette et Bimbo sur la piste. Lola accapara aussitôt le jeune homme, se serrant contre lui et l'embrassant sur la bouche. Justine prit avec discrétion la main de l'Allemande et la serra fort dans la sienne pendant cinq secondes. La top sourit avec tendresse à la jeune fille qui se dit qu'elle avait trouvé la femme de sa vie. Il faudrait qu'Annette quitte Jérémie, ou alors c'est elle qui la quitterait. Elle ne supporterait pas que son père touche encore à sa fiancée.

Ils sortirent de la boîte de nuit vers six heures du matin. La ville était rose, le silence grand comme un immeuble. Annette se mit au volant du 4×4. Justine s'assit à côté d'elle. Les deux autres s'installèrent sur la banquette arrière.

– *On s'orkanise gomment ?* demanda la top.

– Le mieux, dit Justine, est qu'on aille tous à *Don Quichotte*. Lola et Bimbo prendront la chambre des Florence, toi et moi on prendra la mienne.

– *Et da mère ?*

– Je lui expliquerai. En ce moment, avec son cuistot, elle est tellement à l'ouest...

– *Zi don bère ne foit rendrer berzonne à* Tannhäuser, *il fa crisser krafe.*

– S'il nous voit rentrer toutes les deux et nous

coucher dans le même lit, il crisera encore plus grave !

– *Du as raisson. Du es intellichente. Les Chuifs, fous êdes blus intellichents que nous !*

Cette remarque laissa Justine perplexe. Annette parlait beaucoup des « *Chuifs* ». Elle se demanda ce que ça cachait. Dans son enfance, Jérémie lui avait expliqué que c'était une forme d'antisémitisme, chez les goys, de considérer les Juifs comme des êtres supérieurs.

Annette conduisait vite et bien. Beaucoup mieux que Stella. Justine se sentait en sécurité avec elle. A chaque fois que l'Allemande changeait de vitesse, elle touchait la cuisse de sa voisine. A un moment, elle lui attrapa même la motte à travers le blue-jean, et la serra fort. La jeune fille n'aimait pas trop ces gestes, qu'elle trouvait trop masculins, presque « machistes ».

Devant *Don Quichotte* stationnaient une ambulance et un véhicule de la police. Justine pensa aussitôt que sa mère s'était suicidée et jaillit hors du 4×4. Lucien, qui venait à sa rencontre dans le jardin, la détrompa : c'était Anémone qui était morte pendant la nuit, sur la terrasse.

34

Dans son sommeil, il sentit une présence étrangère et ouvrit les yeux. Il faillit hurler en voyant un corps de femme couché contre lui. Il comprit qu'il s'agissait de Stella. Elle ronflait et il se demanda si ce n'était pas ça qui l'avait réveillé. Elle avait profité de ce qu'il était endormi pour squatter son lit. Elle dormait sur les draps, tout habillée. Elle avait quand même ôté ses chaussures. Il comprit qu'il ne pourrait pas se rendormir et décida de finir la nuit dans la chambre des Florence. Ou dans celle de Stella. La chambre de Stella était mieux, mais Lucien n'était pas sûr que les draps de la milliardaire fussent propres, tandis que le ménage avait été fait de fond en comble chez les Florence après l'installation d'Olivier dans un hôtel de Palma. En plus, il serait plus près de Justine quand elle rentrerait de boîte de nuit. Peut-être même était-elle déjà à *Don Quichotte*, comme sa mère. Le tout était de se lever sans faire de bruit, pour ne pas réveiller Stella. Il était en plein dans son érection matinale et si elle voyait ça, la milliardaire lui sauterait dessus, et il aurait alors beaucoup de mal à la repousser. Il glissa du lit avec précaution. Il dormait nu et ressentit une certaine gêne à promener son petit corps potelé dans la grande maison vide. Comment ferait-il, demain matin ? Il prendrait un pantalon et un polo dans l'armoire d'Olivier Florence. Ils avaient la même taille. Il décida d'aller boire de l'eau minérale à la cuisine. Il avait la bouche sèche. Il avait trop absorbé d'alcool à *Tannhäuser*. Mine de rien, depuis qu'il était à Majorque, il s'était mis à picoler. C'était sans doute parce qu'au fond de lui-même il s'emmerdait, avec tous ces riches. Il aspirait à retrouver la cuisine de *L'Arête*, ses voisins de la rue Montorgueil. Il se souvint que, la veille, il avait dit merde à Daphné. Bah, on n'avait jamais vu une bonne femme foutre son mari à la porte parce qu'il lui avait dit merde, surtout quand il rapportait dix mille euros par mois à la maison. C'est fou, pensa-t-il, ce qu'on a les idées claires, le matin.

Dans la cuisine, il ouvrit le frigo pour voir ce qu'Anémone avait encore boulotté au cours de la nuit. Il constata avec surprise que rien n'avait disparu. Il avait l'œil, pour les frigos. C'était son métier. Il prit une bouteille d'eau minérale et chercha un verre. Il s'était beaucoup disputé avec Stella, à Singapour et à Dubaï (surtout à Dubaï où ils étaient restés plus longtemps), parce qu'elle buvait de l'eau minérale au goulot. L'eau minérale, lui avait-il expliqué, se boit dans un verre. Toujours. La bière, ou même la vodka, ça peut se boire au goulot ; mais l'eau minérale, jamais. Elle lui avait demandé pourquoi. Il avait dit que c'était comme ça.

Il aperçut Anémone en sortant de la cuisine. Elle dormait encore sur la terrasse. Il pensa d'abord ne pas la déranger et la laisser dormir, du fait qu'il était nu, mais il se dit qu'elle avait peut-être un problème. Quand il se rendit compte qu'elle était morte, il débanda aussitôt. Il courut jusque dans sa chambre et s'habilla. Stella se réveilla et lui demanda ce qu'il avait. D'abord elle crut qu'il était fâché parce qu'elle s'était couchée dans son lit. Elle s'excusa. Elle était soûle. Et triste. Elle n'aurait pas pu dormir toute seule. Il lui répondit qu'Anémone était morte.

– Comment ça, morte ?

– Sur la terrasse. Je ne sais pas ce qu'elle a eu.

– Tu es sûr qu'elle est morte ?

– Elle ne respire plus.

– Tu as essayé de la ranimer ?

– Je ne connais aucun moyen de ranimer un mort.

– Elle a peut-être simplement eu un malaise.

– *Elle ne respire plus.*

– Tu as vérifié ?

– Avec quoi ?

– Un miroir. J'ai vu faire ça dans un film.

– Quel film ?

– Je ne sais pas. Un truc historique.

– Ce qu'il faut faire, c'est appeler la police.

– Je vais vérifier qu'elle est bien morte. Tu viens avec moi ?

– Non, merci. Je ne veux plus voir ça. Avec le pansement, en plus... Ah non, c'est l'horreur ! Je téléphone aux flics et je ne m'occupe plus de rien.

– Lucien, s'il te plaît : j'aurai peur, toute seule...

Il l'accompagna en maugréant. Cette conne l'emmerderait jusqu'au bout.

Devant le corps d'Anémone, ils restèrent immobiles. Il n'y avait rien à vérifier. La restauratrice était bel et bien morte.

– J'appelle la police, fit Stella.

– Je te l'avais dit.

– Ça me fait drôle de penser qu'elle est morte et que moi, je suis vivante. Il faudra annoncer la chose à Samuel... Je me demande comment il va réagir.

– Il se remettra à boire.

La police fut sur les lieux en une demi-heure. Un inspecteur prit des photos du corps d'Anémone en demandant pourquoi la morte portait ce masque tout taché de vin et de nourriture. Stella raconta l'accident et ses conséquences, ce qui lui fit penser que le décès d'Anémone était peut-être dû à une séquelle du choc subi par la restauratrice lors de la collision, quelques jours plus tôt, avec le 4×4 d'Annette Bretling.

– Il ne manquerait plus, dit-elle à Lucien, que Samuel me traîne en justice, comme Olivier !

La milliardaire et le cuisinier étant les dernières personnes à avoir vu Anémone vivante – mais celle-ci était-elle encore vivante quand Stella s'était assise à côté d'elle dans l'obscurité de la terrasse avant d'aller se pelotonner contre Lucien ? –, l'inspecteur les interrogea l'un après l'autre avant de les convoquer pour le même jour à quinze heures au commissariat central de Palma. Il emportait le corps pour procéder à une autopsie. Celle-ci prendrait un certain temps car il n'y avait pas de médecin légiste à Majorque, il faudrait en faire venir un de Barcelone.

– Vous pensez que mon amie a été empoisonnée ? demanda Stella.

– Je ne pense rien, madame. Je fais juste mon travail.

Qui aurait pu empoisonner Anémone ? A part elle-même, Lucien ne voyait pas. A ce moment, il entendit une voiture se rapprocher de la maison et pensa que c'était Justine qui rentrait de Palma avec Bimbo.

35

Au bord de la piscine, ils regardaient l'eau où Anémone avait si souvent trempé pour faire ses longueurs.

– Je ne pourrai plus entendre le mot « longueur » sans penser à elle, dit Stella.

– Et moi, dit Lucien, je penserai tout le temps à elle quand je serai à *L'Arête*.

– Qu'est-ce que ça va devenir, *L'Arête* ?

– Rien. Sans Anémone, ça n'a plus de raison d'être. Ce n'est ni Thierry, le maître d'hôtel, ni moi qui pouvons nous charger du travail d'accueil et de relations publiques que faisait Anémone. Je pense que Samuel va vendre.

– Et si je rachetais ?

– Non, Stella. La restauration, il faut vraiment s'y connaître. En six mois, tu aurais perdu ton argent.

– Et alors ? Qu'est-ce que c'est, l'argent, quand le soir tu vis et que le lendemain matin tu es mort ?

Il y eut un long silence. Lucien appuya la tête contre l'épaule de Stella. Elle lui passa la main dans les cheveux. Ils échangèrent un baiser profond. Stella posa l'autre main sur la braguette de Lucien et constata qu'il bandait. Elle déboutonna la braguette et sortit le sexe du cuisinier. Elle s'attendait à ce que Lucien s'opposât à son initiative amoureuse, comme il avait fait depuis le début de son séjour à *Don Quichotte*, mais, sans doute assommé par le chagrin – bien que son sexe ne parût guère l'être, lui –, il ne réagit pas et elle commença à le masturber. Il ne disait rien. Elle serrait le pénis de toutes ses forces et l'agitait de plus en plus vite. Elle se disait que c'était la seule chose à faire. Elle se refusait à sucer un homme, pas même Lucien, le jour de la mort de sa meilleure amie. Ça lui aurait paru une trahison. Quant à la pénétration, elle n'y songeait pas : Bimbo et Justine pouvaient se pointer à tout moment. Et puis, il faisait gris. C'était même le premier jour gris de l'été. C'était trop triste de faire l'amour dehors par temps gris. On se serait cru dans un mauvais film porno des années 70.

– C'est bon ? demanda-t-elle.

Lucien ne répondit pas. Il avait toujours la tête sur l'épaule de Stella. Il fermait les yeux.

– Dis-moi que c'est bon !

– C'est bon, dit-il d'une voix neutre.

Quand le cuisinier éjacula, la milliardaire dirigea

le membre vers la piscine. Quelques gouttes de sperme tombèrent dans l'eau. Stella ressentit un énorme soulagement. Le sexe était revenu entre Lucien et elle. Ça n'avait pas d'importance que ce fût sous une forme aussi basique. Ce qui comptait à ses yeux, c'était que le plaisir les eût revisités. Enfin, surtout lui. Mais elle avait eu elle aussi une forme de plaisir. Elle se dit qu'au fond c'était peut-être la présence d'Anémone qui les avait empêchés de s'unir sexuellement. Elle se reprocha une telle pensée, se traita *in petto* de salope. Elle replaça le sexe dans la culotte du cuisinier, reboutonna la braguette. Elle se demanda si elle allait se lécher les doigts. Ç'aurait été plus érotique que Lucien les léchât lui-même. Elle tenta de les lui fourrer dans la bouche. Il protesta :

– Ça ne va pas, non ? Plonge-les dans l'eau de la piscine ; de toute façon, tu l'as déjà dégueulassée.

Stella obéit. Elle s'essuya ensuite sur son pantalon et reprit Lucien contre elle. Il se laissa faire comme un enfant.

– Maintenant, dit-elle, à chaque fois que je me baignerai dans ma piscine, je penserai à ton sperme. Jusqu'à la fin de mes jours, la piscine de *Don Quichotte* restera pour moi celle où flotte ton sperme.

– Vous ne changez jamais l'eau ?

– Je voulais dire : au niveau symbolique.

– Ah oui.

Il s'endormit pendant une minute ou deux. Il dormait toujours après avoir joui, ne fût-ce que quelques secondes. Stella regardait la mer, le ciel, les collines. Elle pensait qu'elle était avec l'homme qu'elle aimait et qu'elle venait de le faire jouir. Elle ne désirait rien d'autre au monde. Elle sentait pourtant qu'elle était trop heureuse et qu'elle allait en être punie. Dieu, se dit-elle, veut qu'on soit heureux, mais pas trop. Quand on est trop heureux, Il enlève ce qu'il y a en trop pour le donner à quelqu'un de pas assez heureux. Sûre d'avoir reconquis Lucien, Stella comprit qu'elle l'avait perdu. Tout s'expliquait par le ciel. Ce gris. Le dernier jour est gris. Au moment du Jugement dernier, il fera gris. Elle demanda au cuisinier s'il l'aimait et il répondit que non, il dit que c'était Anémone qu'il aimait, puis il rit. Ensuite il pleura. Elle n'eut pas envie de le consoler. A son avis, il était fou. C'était bien d'elle, d'avoir aimé un fou. Jérémie aussi était fou, dans son genre.

– Je n'aime ni Anémone ni toi, dit Lucien. J'aime Daphné, mais j'ai l'impression que la seule chose que je serai désormais capable de lui dire, c'est merde. Merde, merde, merde, merde !

– Quand l'enquête sera terminée, il faudra que tu rentres à Paris.

– C'était mon intention.

Elle l'avait fait jouir. Elle l'avait vaincu. Maintenant il pouvait disparaître. Devait disparaître. Elle ne voulait plus le voir. Elle se rendit soudain compte à quel point elle le trouvait laid. Ses jambes courtes. Il fallait voir les jambes de Justine, à côté. La différence. Elle dit qu'elle allait se reposer dans sa chambre. Lucien ne répondit rien. Il s'en foutait complètement. Le salaud : il s'était fait branler, maintenant elle n'existait plus pour lui. Elle se demanda si elle allait se masturber quand elle serait dans son lit. Elle se dit que non. Ce serait trop humiliant. Un jour, quelqu'un la ferait jouir de nouveau. Il ne pouvait en être autrement. Dieu ne voulait pas qu'elle soit trop heureuse, mais Il ne voulait pas non plus qu'elle soit trop malheureuse. Elle décida de prier. Mais, avant, de boire une tequila.

Maria s'agitait à la cuisine. Stella lui avait téléphoné, le matin, pour lui annoncer la mort d'Anémone et lui demander de venir l'aider à *Don Quichotte*, parce qu'avec tous ces événements elle ne s'en sortirait pas toute seule. Elle lui avait aussi demandé des nouvelles de sa sœur. Maria avait dit que celle-ci allait mieux, et Stella avait répondu que ça lui faisait plaisir.

36

Stella, Justine, Lucien et Bimbo étaient réunis dans la cuisine pour le dîner quand ils entendirent une voiture monter à la propriété. Stella dit que c'était sans doute Olivier Florence qui ramenait Martine de Palma. Mais ce n'était pas un taxi, c'était une petite auto de location.

– Papa ! cria Justine.

Aussitôt, le visage de Lucien s'assombrit. Il se sentait en état d'infériorité devant l'ex-mari de Stella. Infériorité physique, intellectuelle, sociale. Il savait en outre que Jérémie le détestait. On a toujours l'impression d'être diminué par les gens qui nous détestent, alors que ça devrait être le contraire. Par la fenêtre, on voyait Jérémie longer l'allée du jardin. Il tirait derrière lui sa valise à roulettes. Stella se leva pour aller lui ouvrir. Lucien et Justine la suivirent. Le cuisinier ne voulait surtout pas avoir l'air de ce qu'il était, c'est-à-dire terrorisé par le nouvel arrivant. Seul Bimbo resta assis. Quand

Lucien passa derrière lui, le jeune homme lui prit le bras et dit qu'il adorait son lapin, ce qui requinqua le cuisinier. Il avait en effet préparé un lapin aux petits pois, parce qu'après un drame, disait-il, la meilleure chose à faire est un bon repas. Il était plutôt un spécialiste du poisson, mais il n'y en avait pas dans le congélateur.

– Que se passe-t-il ? demanda Stella à l'avocat.

Celui-ci avait l'air bouleversé. Son visage était dévoré de tics. C'était nouveau chez lui, les tics.

– Tu vas rire : Annette m'a viré. J'aurais pu aller à l'hôtel – il paraît que le Grand Hôtel Son Net n'est pas mal –, mais j'avais besoin de... Je ne sais pas. De chaleur humaine...

– Tu as bien fait, Jérémie. Tu es chez toi à *Don Quichotte*.

– Que s'est-il passé ? demanda Justine.

– Annette est tombée amoureuse de quelqu'un d'autre.

– Qui ?

– Je ne sais pas. Enfin, si. Enfin non... Je sais qu'il s'agit d'une fille, mais je ne sais pas qui c'est.

– Une fille ? dit Stella. Quelle fille ?

– Elle n'a pas voulu me dire quelle fille. Elle m'a juste dit que c'était une fille, et crois-moi, ça m'a suffi.

Stella se tourna vers Justine.

– Dis donc, ça ne serait pas cette Lola Jeunet, la

romancière à qui tu as roulé des pelles toute la soirée ?

– Ce serait le bouquet ! dit Justine. Elle aurait fait cocus en même temps et le père et la fille !

– D'une pierre deux coups, épilogua Lucien.

Il avait voulu dire quelque chose de drôle mais se rendit compte, aux trois regards lourds qui tombèrent sur lui, qu'il aurait mieux fait de se taire. En une fraction de seconde il comprit également que Jérémie, Stella et Justine faisaient une vraie famille. Formaient un tout. C'était peut-être ça qui l'avait gêné, depuis le début, dans ses relations avec Stella. Le sentiment d'être un intrus. Un élément allogène. C'était aussi probablement pour ça que Justine le haïssait autant : parce qu'il était différent d'elle, de sa mère, de son père. Parce qu'il était un autre. Un étranger.

– Tu tombes bien, dit Stella à son ex-mari, il y a deux chambres libres : celle des Florence et celle d'Anémone.

– Pas celle d'Anémone, merci !

– On a changé les draps.

– Même.

– Tu as raison, ce serait un peu triste.

– Un peu, oui.

– D'un autre côté, on dort tous, au cours de notre vie, dans des chambres où des gens sont morts.

– Pas la veille !

– Je te signale qu'Anémone n'est pas morte dans sa chambre, mais sur la terrasse. *Ta* terrasse. Mais tu fais comme tu veux. Il y a la chambre des Florence. Là aussi, on a changé les draps.

– Et la tienne ?

– La mienne ?

– Ta chambre.

– J'y suis.

– Justement.

Stella sourit.

– Tu oublies un détail, Jérémie : nous ne sommes plus mariés.

– D'abord, ce n'est pas un détail. Ensuite, qu'est-ce que ça fait ? Il y a un tas de gens pas mariés qui dorment dans le même lit.

– Pas question ! Dans l'état de manque où je suis, je vais te sauter dessus et je ne supporterais pas que tu me repousses.

– Je ne te repousserai pas.

– Attention, tu parles devant témoins.

Les témoins en question – Lucien et Justine – ne savaient trop quelle attitude prendre devant ce déballage privé.

– Mais peut-être Lucien y verrait-il un inconvénient, observa Jérémie.

– Pas du tout ! dit le cuisinier. Au contraire !

– Pourquoi « au contraire » ? demanda l'avocat sur un ton menaçant.

– C'est vrai, ça, dit Stella. Pourquoi « au contraire » ?

– Je disais ça comme ça.

– On ne dit rien « comme ça », gronda Jérémie.

– Dans la restauration, si.

– Ni dans la restauration, ni ailleurs.

– C'est dans Freud, expliqua Justine.

– Vous n'allez pas me faire un procès, non ? protesta le cuistot.

– Je me le demande, dit Jérémie avec un fin sourire.

Le fin sourire rassura et calma Lucien. C'était le sourire que choisissait l'avocat quand il voulait faire comprendre à son interlocuteur, notamment à la télévision, qu'il n'était pas tout à fait sérieux. Disons qu'il l'était moins que d'habitude.

– Eh bien, dit Stella à Jérémie, je te montre ma chambre.

– Tu as oublié que je connais le chemin.

– A qui la faute, si j'ai oublié ?

Lucien n'était sensible qu'à une chose : la joie de Justine. La jeune fille voyait se réaliser le rêve de tout enfant de parents divorcés : la réconciliation de son père et de sa mère.

Jérémie s'était déjà engagé dans le couloir quand Stella dit :

– Après, tu nous rejoins à la cuisine : Lucien nous a fait un délicieux lapin.

– J'ai horreur du lapin, dit Jérémie sans se retourner.

Stella sourit à Lucien et dit pour excuser l'avocat :

– Il avait un lapin quand il était petit, en Tunisie.

37

– *Che suis tésolée, Chustine : c'est un avreux malendentu.*

La fille de Stella rit et se leva. Elle avait cru que la top-model avait quitté Jérémie par amour pour elle, mais elle s'était trompée, c'était pour Lola Jeunet, comme du reste l'avait deviné Stella. Quand elles s'étaient retrouvées toutes les deux seules dans la voiture, ce matin-là, Lola et Annette avaient décidé de faire un tour dans l'île avant de rentrer à *Tannhäuser.* En fait, elles étaient très excitées sexuellement, et par la même personne : Justine. Elles avaient garé l'auto dans un bois et s'étaient satisfaites l'une l'autre.

– *Z'est là,* avait expliqué la top, *qu'on a gombris qu'on z'aimait.*

Elle avait ensuite développé d'autres arguments.

– *Du gombrends, Lola est une indellecduelle, gomme don bère.*

Justine protesta qu'elle était une intellectuelle, elle aussi. Annette lui prit la main avec une gentillesse qui épouvanta la jeune fille. Elle la retira aussitôt.

– *Doi, du gonnais les itées. Don bère et Lola, ils gonnaissent les itées et la fie. Et buis, Lola est pi.*

– Bi ?

– *Oui : pi ! Gomme moi. Elle ne grache pas zur les hommes. Za zera blus bratique quand chaurai enfie de m'en vaire un. On bourra même ze le vaire enzemble ! Doi, tu es une fierge. Z'est peau, mais z'est chiant. Envin, Lola est téfiscalisée.*

– Défiscalisée ?

– *Oui : elle, z'est à Majorque, moi à Monago, mais on a la même orkanizazion. On bourra avoir le même gonseiller viscal. Ça nous vera vaire des économies ! On ze ressemble, goi. On a bresque le même ache, en blus. Du fois, Chustine, c'était le tesdin : du n'as rien à recretter. Fiens nous foir quand du feux, izi ou à Monago. On de brésendera des filles. On en gonnait blein. A nous teux !*

Annette Bretling rit. La férocité tranquille, éblouissante de ce rire. Dès la fin du dîner à *Don Quichotte*, Justine avait foncé à *Tannhäuser*, pleine d'espoir. Elle avait eu un petit cas de conscience, à cause de son père. Mais elle l'avait réglé dans la salle de bain, pendant qu'elle se maquillait. Jérémie avait déjà gâché la vie de Stella, elle ne gâcherait pas sa vie pour lui ! Et la seule chose qu'il aimait vraiment, c'était son travail. Tandis qu'elle, Justine, elle n'en avait pas, de travail. Et n'était pas près d'en avoir. Elle serait avec Annette, l'accompagnerait partout. Se loverait dans son luxe tendre. Se plierait à ses caprices sucrés. Qu'est-ce qu'elle n'avait pas rêvé comme délices, dans la salle de bain de *Don Quichotte*, dans la vieille Golf de sa mère, en foulant l'herbe de *Tannhäuser* !

C'est pour ça qu'elle rit à son tour en se levant. Rit d'elle-même. Le pire rire qui fût.

Comme Justine l'espérait, Annette courut derrière elle et la prit dans ses bras. Justine faillit s'évanouir de chagrin, collée à cette merveilleuse source de chaleur et de beauté qui lui était à jamais refusée.

– *Du ne m'en feux pas ?* demanda Annette.

– Non. C'est à moi que j'en veux, de n'avoir pas su me faire aimer de toi.

– *L'amour, ze n'est bas drès imbordant.*

– Qu'est-ce qui est important ?

– *L'archent. Z'est pour za que che me zuis déviskalisée, et Lola aussi. Du defrais vaire bareil, quand du hérideras !*

Annette donnait l'impression de plaisanter, mais Justine sentit que l'Allemande ne plaisantait qu'à moitié.

– Je peux t'embrasser ? demanda-t-elle.

– *Pien zûr.*

Justine sentit que c'était leur dernier baiser et peut-être même le dernier baiser qu'elle échangerait jamais avec une femme.

– *Dout ce qui resde à esbérer, c'est que Lola ne vasse bas un roman te cette hisdoire !*

– Si elle fait ça, je la tue.

– *Si du la tues, je me medrai afec toi, car du es la teuxième tans mon gœur !*

Sur le chemin du retour, Justine eut envie de précipiter la Golf de Stella dans le vide, mais elle se dit que ça ferait trop de morts dans la même journée, et puis il y avait une chose que, soudain, elle avait envie de faire : l'amour avec un garçon. Du coup, elle deviendrait vraiment bi. Elle avait le choix entre Lucien et Bimbo. Elle se décida pour Bimbo. Il était plus jeune, plus mignon, et en plus il était déjà dans sa chambre !

Bimbo fixait le plafond des yeux, nu de son côté du lit. Justine se déshabilla devant lui, comme chaque soir. Sauf que, ce soir-là, elle le regarda. Il finit par lui demander pourquoi elle le regardait.

– Parce que je veux que tu me baises, dit-elle.

Bimbo éteignit sa lampe de chevet et dit :

– Volontiers.

– Je te préviens : je suis vierge.

– Je sais.

– Comment tu le sais ?

– Tu me l'as dit.

Plus tard dans la nuit, ils entendirent à travers la cloison la sonnerie d'un téléphone portable, puis Lucien qui criait plusieurs fois :

– Merde !

DU MÊME AUTEUR

Chez d'autres éditeurs

L'Âge d'homme

Sonnet pour Florence Rey et autres textes
Sniper Allée
Belgrade 99 suivi de *Contre les calomniateurs de la Serbie*
L'Orgie échevelée (Pocket nº 10407)

Albin Michel

Les Petits Maux d'amour (Folio nº 2362)
L'École des absents
La Maison du jeune homme seul
Lettre à un ami perdu, prix Del Duca (Librio nº 218)
Insolences
Dara, grand prix du roman de l'Académie française (Livre de poche nº 14874)
La Statue du commandeur (Livre de poche nº 6868)
La Paresseuse (Livre de poche nº 4361)
Julius et Isaac (Livre de poche nº 13575)
La Femme riche (Livre de poche nº 13818)
Le Viol de Mike Tyson
La Vie quotidienne de Patrick Besson sous le règne de François Mitterrand
Les Braban, prix Renaudot (Livre de poche nº 14171)
Accessible à certaine mélancolie (Livre de poche nº 15217)
Lui

L'Archipel

Le Plateau télé

Arléa

Zodiaque amoureux

Bartillat

28 boulevard Aristide-Briand

Calmann-Lévy/Maren Sell

Haldred
Vous n'auriez pas vu ma chaîne en or ? (La petite Vermillon nº 164)

Fixot

Théâtre choisi
Noces

Grasset

La Science du baiser (Livre de poche nº 14656)
Les Frères de la consolation (Livre de poche nº 15195)
Le Deuxième Couteau (Livre de poche nº 15013)

Messidor

La Chute de Saigon

Orban

Salade russe

Petar Kočić (Banja Luka)

Le Sexe fiable (édition bilingue français-serbe)

Le Rocher

Je sais des histoires
Nostalgie de la princesse
Les Années Isabelle
Le Dîner de filles (Pocket n° 4388)
Souvenir d'une galaxie dite nationale-bolchevique suivi de *Gauche, droite ?*
Pas trop près de l'écran (avec É. Neuhoff)
La Boum (avec D. Thompson)
Folks ou σ κσομο ζ
Vacances en Botnie
Et la nuit seule entendit leurs paroles
La Titanic (Pocket n° 10826)
Ah ! Berlin
J'aggrave mon cas
Les Voyageurs du Trocadéro

Le Temps des Cerises

L'Argent du Parti

COMITÉ D'ENTREPRISE
C.N.A.V.T.S.
BIBLIOTHEQUE
9/14, rue de Joinville
75019 PARIS

Composition et mise en pages réalisées
par ÉTIANNE COMPOSITION
à Montrouge.

Impression réalisée sur CAMERON par
BRODARD ET TAUPIN
La Flèche

pour le compte des Éditions Fayard
en avril 2003

Imprimé en France
Dépôt légal : avril 2003
N° d'édition : 32916 – N° d'impression : 18339
ISBN : 2-213-61607-8
35-33-1807-3/01

COMITÉ D'ENTREPRISE
C.N.A.V.T.S.
BIBLIOTHEQUE
?/14, rue de Joinville
750?? PARIS